真言密教の聖地

高野山へ行こう!

田中ひろみ

真言密教の聖地 高野山へ行こう!!

もくじ

プロローグ……4
第1章　真言密教の道場　壇《だん》上《じょう》伽《が》藍《らん》……11
コラム　田中ひろみのおすすめのランチ……35
第2章　空海は今も生きている!?　奥《おく》之《の》院《いん》……37

姉（田中ひろみ）…仏像大好き！高野山には何度も訪れている。高野山の素晴らしさをみんなに知ってほしい。

妹…お姉ちゃんに連れられて高野山に初めてやってきた。右も左もわからないけど大丈夫かな!?

第3章　高野山真言宗の総本山　**金剛峯寺《こんごうぶじ》** …… 59
コラム　スーパースター空海 …… 78
第4章　密教文化の真髄に触れる　**高野山霊宝館《こうやさんれいほうかん》** …… 81
第5章　心身ともに清らかになれる　**宿坊《しゅくぼう》に泊まろう** …… 107
宿坊一覧 …… 119
高野山おすすめのみやげと甘味 …… 120
高野山データ一覧 …… 125
あとがき …… 128

知ってる？
平成27年に高野山《こうやさん》は
開創１２００年を迎えるんだって
開創って何？
はじめる
ことよ
ふーん高野山って、
どこ？
大阪府
奈良県
三重県
和歌山県
和歌山！高野山は、弘法大師《こうぼうだいし》空海《くうかい》が
開いた天空の密教聖地なのよ
世界遺産にも
登録されてるよ
ヘエ〜
ちなみに高野山という山はない
高野山とは八峰に囲まれた
地上800mの盆地
まるで蓮の花のような場所

ねえ、お姉ちゃん
今更だけど、
空海って、弘法大師のこと？
そうよ
空海の子供の頃の名前は真魚《まお》
スケートの
真央ちゃんと
同じだ
字は
違うけどね
19歳のとき、高知の室戸岬で修行中に
口の中に明星が入るという
不思議な体験をして
そのときに目にしてたものが空と海、
〝空海〟という名にぴったりの体験だね
中国の恵果《けいか》という偉いお坊さんから
「遍照金剛《へんじょうこんごう》」※という名前ももらってるの
空海が入定して86年後に、天皇より
いただいた名前が弘法大師
名前あげる

※「遍照」とは、あまねく一切の世界を照らす「金剛」は揺るぎないということ

入定って
何？
瞑想《めいそう》に入られたってこと
だから、まだ空海は奥之院で
生きてると言われてるのよ
えっ〜！
生きてる？
そう、空海が入定してから86年後に
天皇から「弘法大師」の名を贈られた
ことを報告しに、奥之院に入ると、
なんと空海は髪やヒゲが伸び
ぼろぼろの服装で瞑想してたというの
86年も！
あとほら、四国のお遍路さんは、
「同行《どうぎょう》二《に》人《にん》」といって弘法大師と
二人で回るといわれてるでしょ
同行二人
それも弘法大師は今も生きていると
言われているからなのよ
私も四国八十八箇所をめぐったとき
確かに誰かに見守られている
気がしたもん
見守られ
てる
弘法大師さま

空海ってたくさん名前があるんだね
真魚、空海、遍照金剛《へんじょうこんごう》、弘法大師
ところで、空海って何した人なの？
そこかい!!
ガクッ
空海は中国に行って密教を学び
たくさんのお経を持ち帰り、真言密教を広めた人なの
あと、中国で学んだ知識を活かして、池や堤防や井戸もたくさん作ったり
病気を治したりもしたの

ふーん、スゴイ人なんだね
そう、スーパースターなのよ！
スーパースター
空海
その空海が開いた高野山は、清々しい空気が流れててほんとすばらしいところなのよ！
とにかく行けばわかるから、一緒に行こう！
いくいく

第一章

真言密教の道場

壇上伽藍《だんじょうがらん》

高野山へは、大阪の難波《なんば》から
南海高野線 特急「こうや」に乗車
こうや
わ~どんどん
山に入っていく~
揺られること約1時間半
極楽橋駅に到着
ごくらくばし
極楽橋
GOKURAKUBASHI
極楽橋駅からケーブルカーで
5分
到着~!
高野山駅
着いた~
見て、
駅の屋根も
寺院風よ

高野山の中心地へはここからさらにバスで10分
奥の院前
NANKAI
千手院橋のバス停でいったん降り
宿坊協会の後ろのコインロッカーに荷物を預けておこう
あ〜♡
空海の創った聖地に来た〜!!
大丈夫？お姉ちゃん
キョロキョロ
山の上なのに銀行もお店も学校もなんでもあるんだね
銀行
高野山大学
そう!!

高野山は
天空の宗教都市なの！
壇上《だんじょう》伽藍《がらん》と奥之院《おくのいん》の
二大聖地があるのよ
弘法大師御廟
みろく石
奥之院《おくのいん》
御廟橋
姿見の井戸
汗かき地蔵
一の橋
宝善院
奥之院口
中の橋
奥の院前
苅萱堂前
苅萱堂
一之橋口
玉川通
中の橋案内所
武将の墓が
並ぶ

高野山全体図

N
高野山駅
極楽橋駅
女人堂
女人堂
壇上《だんじょう》伽藍《がらん》
金剛峯寺
大門
西塔
大塔口
根本大塔
大門
金剛峯寺前
千手院通
金堂
大塔の鐘
大師教会
金堂前
霊宝館前
霊宝館
高野山観光協会中
案内所・宿坊協会

まずは、壇上《だんじょう》伽藍《がらん》へいこう！
オー
ところで壇上伽藍って何？
壇上は一段高くなった場所 真言密教の教えである 大日如来が鎮座する 壇のこと 伽藍とは、お寺のお堂が建ち並んでるところのことよ
へぇ～
あ！ここからも入れるんだ
空海が、大日如来を中心とした密教の教えや世界観を 建物や仏像仏画によって目に見える形で 表現しようとしたのが、この伽藍なのよ
根本大塔
西塔
御影堂
蛇腹路
大塔の鐘
三鈷の松
山王院
蓮池
金堂
御社
六角経蔵
中門跡

空海は最初に修行の場としてこの伽藍を建てたのよ
こんな山の上に大変だね
そう、だから空海が入定するときにも途中までしか完成しなかったんだそうよ
大塔《だいとう》!!
ド〜ン!
真言密教のシンボルで「根本大塔」ともいうのよ
わあ〜朱塗りの立派な建物だね〜

わ〜

まばゆい〜!!

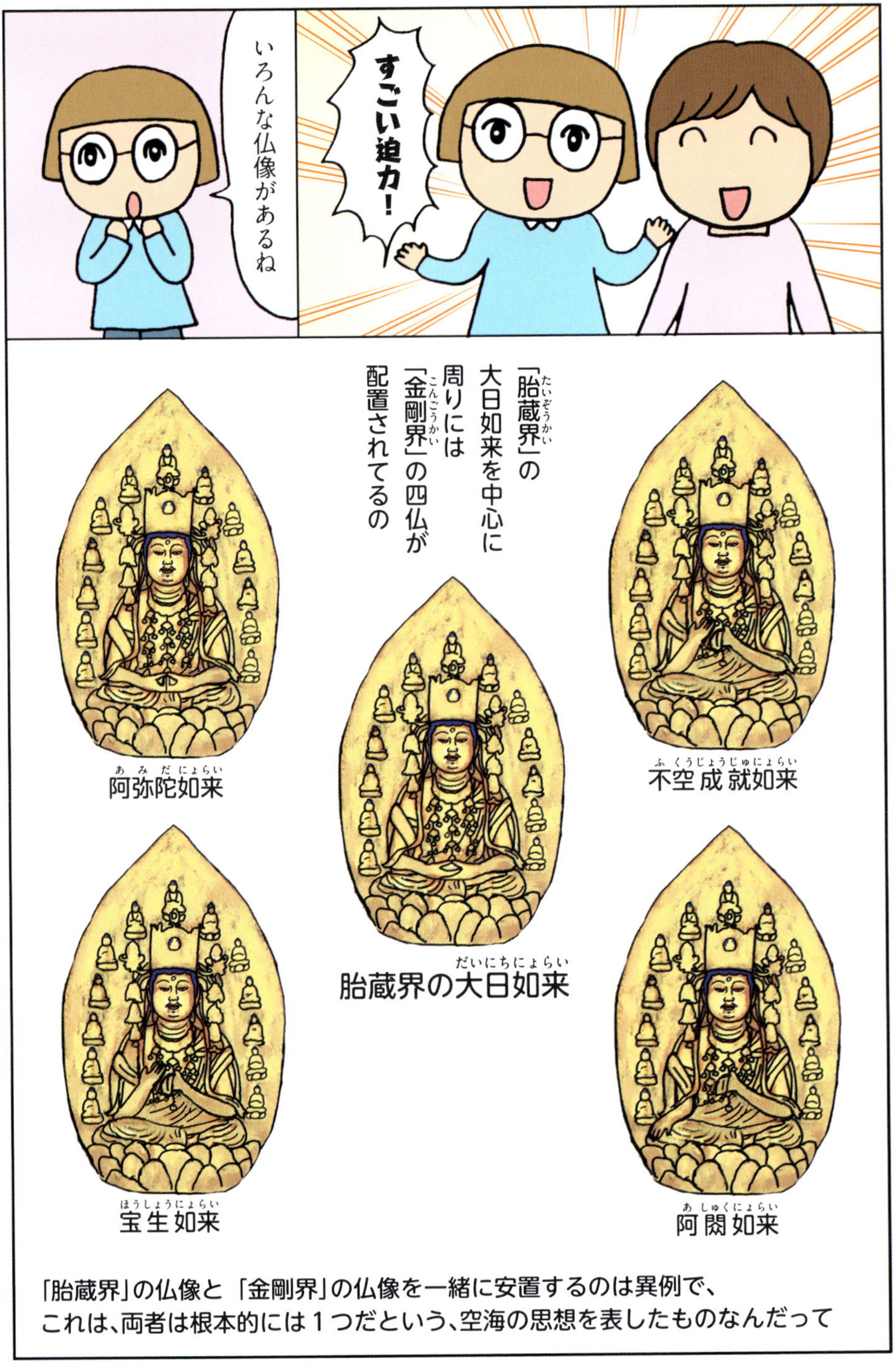

いろんな仏像があるね
すごい迫力!
「胎蔵界《たいぞうかい》」の大日如来を中心に周りには「金剛界《こんごうかい》」の四仏が配置されてるの
阿弥陀如来《あみだにょらい》
不空成就如来《ふくうじょうじゅにょらい》
胎蔵界の大日如来《だいにちにょらい》
宝生如来《ほうしょうにょらい》
阿閦如来《あしゅくにょらい》
「胎蔵界」の仏像と「金剛界」の仏像を一緒に安置するのは異例で、
これは、両者は根本的には１つだという、空海の思想を表したものなんだって

16本の柱には、堂本印象《どうもといんしょう》が描いた
十六大菩薩の絵があって
四隅の壁には密教を伝えた八祖が
描かれてるのよ
この大塔の中は、密教の世界を
表しているんだって
まるで宇宙にいるみたい〜
空海ってすごい!!
・・・
ところでお姉ちゃん
密教って何?
?
「秘密の教え」のことよ
秘密の教え
そのまんまだね
ちなみに密教以外の教えは「顕教」というんだって
密教《みっきょう》
秘密の教え
顕教《けんきょう》
秘密にしないで
明らかに顕した教え
ふ〜ん
秘密にするか
しないかってことね

そう密教は、大日如来が説いた教えで、ものすご～く奥深い教え。そのため、一部の僧だけに伝えられたの
ひみつ
それに反して顕教は、全ての人に明らかに説き顕した教え
みんな聞いて
え～なんで秘密にするの？
みんなに教えてくれてもいいのに
それには2つの理由があるんだって
ひとつは、レベルにあわせて教えを制限するから
大学生に教えることを赤ちゃんに言っても理解できないでしょ
バブー？
なるほど
もうひとつは目の前に現れてる真実を人々が理解できないので秘密のように感じるから
真実

真実、見えてるの？
そう
密教の教えはとても奥深くて簡単には理解できないのよね～
そこで、言葉や文字では決して伝えられない密教の教えを絵と図で表したものが両界曼荼羅なんだって！
両界曼荼羅《りょうかいまんだら》
胎蔵界曼荼羅《たいぞうかいまんだら》
金剛界曼荼羅《こんごうかいまんだら》
なんか仏さんがうじゃうじゃいるんだけど

曼荼羅には大日如来《だいにちにょらい》をはじめ
菩薩《ぼさつ》や明王《みょうおう》など
さまざまな仏様が
描かれてるの
この大塔の中は、
その曼荼羅の世界を立体的に表したものなのよ
大塔の中で拝めば
仏様と縁が
結べるそうよ
キャ
仏様とまたご縁が
結ばれたわ
・・・

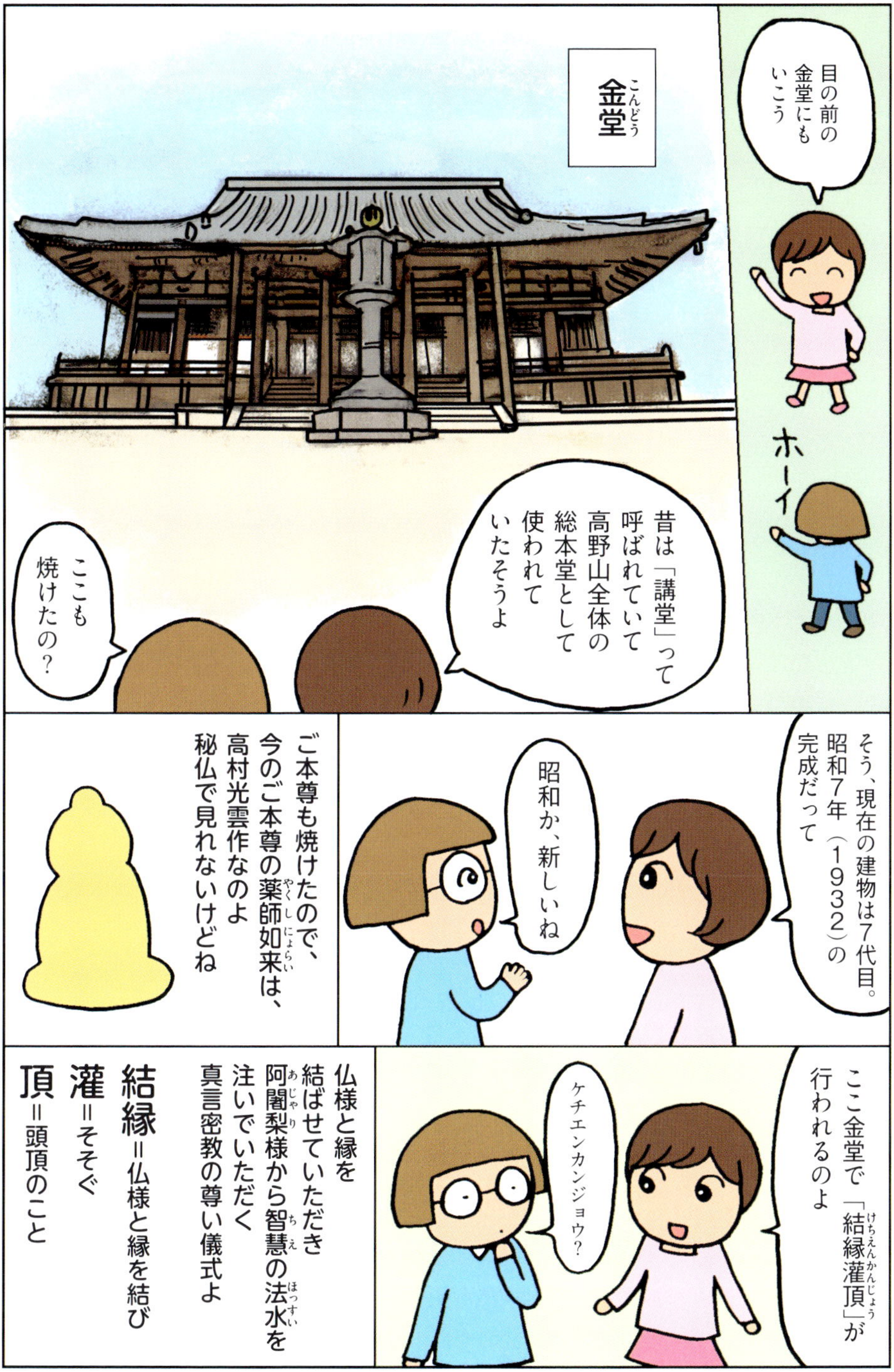

目の前の金堂にもいこう
ホーイ
金堂《こんどう》
昔は「講堂」って呼ばれていて高野山全体の総本堂として使われていたそうよ
ここも焼けたの？
そう、現在の建物は7代目。昭和7年（1932）の完成だって
昭和か、新しいね
ご本尊も焼けたので、今のご本尊の薬師如来《やくしにょらい》は、高村光雲作なのよ 秘仏で見れないけどね
ここ金堂で「結縁灌頂《けちえんかんじょう》」が行われるのよ
ケチエンカンジョウ？
仏様と縁を結ばせていただき阿闍梨《あじゃり》様から智慧《ちえ》の法水《ほっすい》を注いでいただく真言密教の尊い儀式よ
結縁＝仏様と縁を結び
灌＝そそぐ
頂＝頭頂のこと

結縁灌頂《けちえんかんじょう》
私達の心の中にそなわっている
仏の心と智慧《ちえ》を開いていただく尊い儀式
真言《しんごん》（仏の言葉）と
印を授けられ
目隠しをして
印を結んだ指に
お花を持って
曼荼羅《まんだら》に落とすの
そのお花が
落ちた場所の仏様と
「仏縁」を結ぶのよ
（投花得仏《とうけとくぶつ》）
ポトン

阿闍梨《あじゃり》様から大日如来の智慧の法水を
頭に注いでいただくの（灌頂）
暗闇に
ろうそくの光だけで
照らされて
すごく幻想的で、
厳粛な雰囲気の中
仏様とご縁が
結ばれて
ありがたい
という
気持ちになれて
感動的だったわ
大日如来さま
ジ〜ン

そんな尊い儀式
誰でも受けられるの？
大丈夫だよ
春は5月3～5日胎蔵界の
仏様と、秋は10月1～3日に
金剛界の仏様と
仏縁が結べるの
3000円かかるけどね
さて、次は
御社《みやしろ》に行こう
オー
こっちよ
御社
えっお寺に
神社？
ここは高野山で
最初に建てられたの
社殿は三つあって
向かって右から
丹生《にう》明神《みょうじん》、高野明神、
十二王子・百二十伴神
を祀っているのよ

なんでお堂でなくて神社を先に？
御社
その訳はね
空海が密教を学ぶため船に乗り、留学僧《るがくそう》として行った中国から帰るときに三鈷杵を投げたの
密教を広める場所を知らせよ！
飛行三鈷杵（ひぎょうさんこしょ）
三鈷杵は密教仏具で、身体と言葉と心の働きを表すもの
空海が投げた三鈷杵は、御影堂に安置してあるのよ
帰国して、投げた三鈷杵を探しに行くと狩場明神（神様）に出会う
狩場《かりば》明神（高野明神）
二匹の犬に案内され山の中腹に着くと
ワン
ワン
ワン

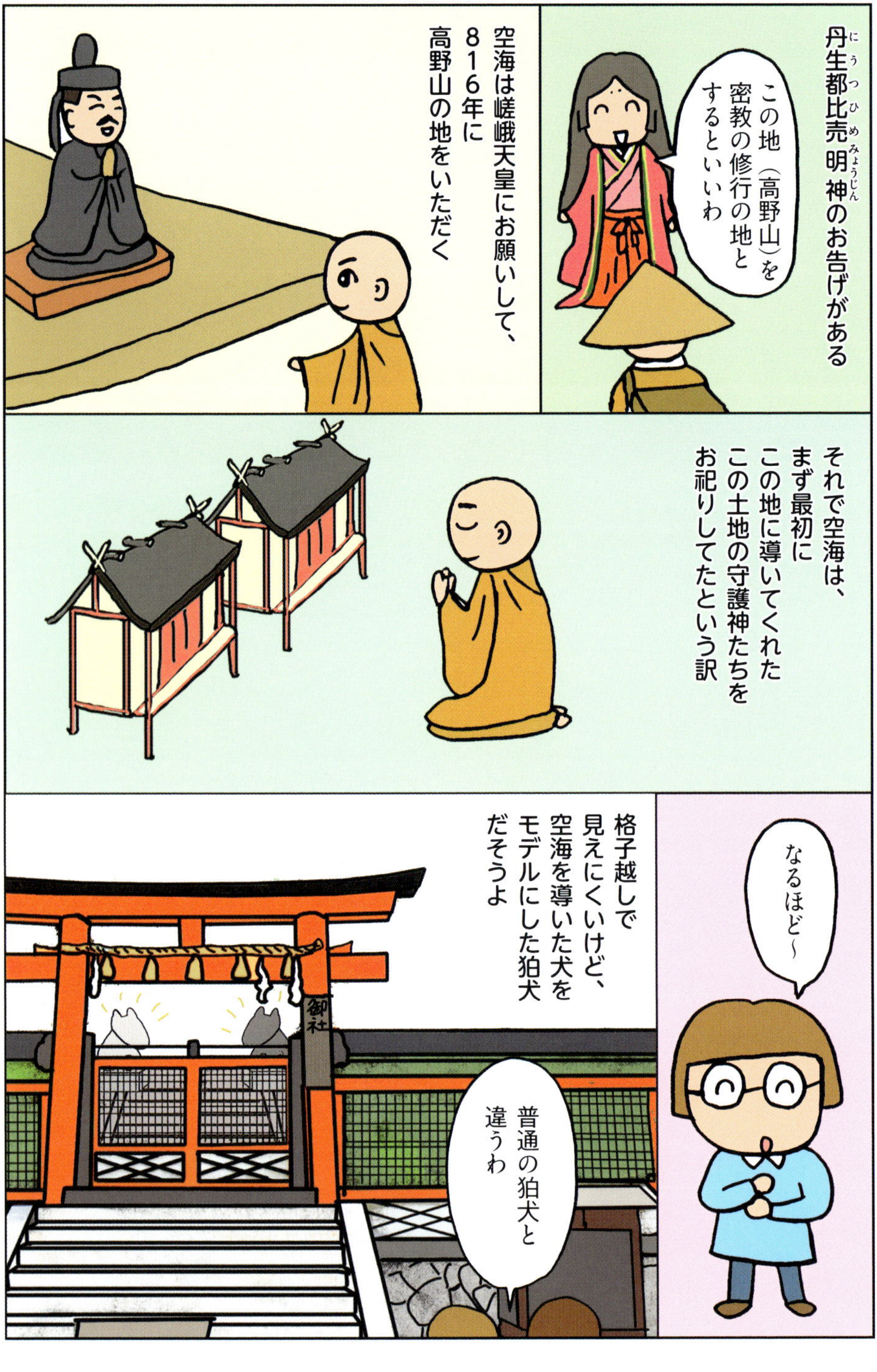
丹生都比売《にうつひめ》明神《みょうじん》のお告げがある
この地（高野山）を密教の修行の地とするといいわ
空海は嵯峨天皇にお願いして、816年に高野山の地をいただく
それで空海は、まず最初にこの地に導いてくれたこの土地の守護神たちをお祀りしてたという訳
なるほど〜
格子越しで見えにくいけど、空海を導いた犬をモデルにした狛犬だそうよ
御社
普通の狛犬と違うわ

大晦日の22時ごろには大松明で照らして御社に新しい御幣《ごへい》を奉納する「御幣納《ごへいおさ》め」という行事が行われるの
御幣《ごへい》とは細長い串に折紙をはさんだ神祭用具
巨大な御幣を御社に納めるの
御社の神様、大事にされてるのね
そうなのよ
六角《ろっかく》経蔵《きょうぞう》
そうそう、金堂から御社に来る途中にあった六角の建物、回せるんだよ
一回すれば お経を一巻 読んだのと同じ ご利益が得られるんだって
ヘェー
この取っ手を押して…あれっ?
一緒に回しましょうか?
ハ～イ

回った〜
グーン
グーン
ぐるぐる
建物全体が回るのかと思ったよ
まさか〜
ケラケラ
次は西塔《さいとう》よ
ここは白木なんだね
この塔も何度も焼けて、これは天保5年（1834）に再建。大塔と対になっているのよ
西塔は、金剛界大日如来《こんごうかいだいにちにょらい》と胎蔵界四仏《たいぞうかいしぶつ》が安置されているの

ご本尊の大日如来座像は、西塔建立当時のもので、高野山で最古らしいよ
現在は高野山霊宝館に収蔵されていて、今は違う大日如来像を安置しているの
あ〜西塔の中にも入りたい〜
ほんと好きね〜
スッー
キャ
美坊主！
よく見てるね〜
すいません、三鈷《さんこ》の松ってどれですか？
オイオイ
御影堂《みえいどう》の前の松ですよ
この松にお大師様が中国から投げた三鈷杵がかかってたといわれています
ヘエー

では
この松の葉は三鈷杵と同じ三葉の松で皆さんお守りに持ち帰られますよ
ハイ
探さなきゃ
あった〜
ゴーン♪
オッ!
いいことありそうだね
高野《こうや》四郎《しろう》だ!
日本で4番目に大きな鐘ということから「高野四郎」って呼ばれているの
グー
お腹も鳴ったわ
今のは1時の鐘だね お昼食べに行こうか
何食べるの?
高野山といえば高野豆腐かな ははは
お昼食べたら奥之院に行こうね

コラム

田中ひろみの

高野山おすすめランチ

精進料理だけでなく、こんなものもありますよ♪
私のおすすめランチをご紹介します。

中央食堂 さんぼう

手軽に精進料理が食べられるお店。どの定食にも胡麻豆腐が付いているのが嬉しい。胡麻豆腐湯葉巻揚1300円

Data
☎0736-56-2345
交通／千手院橋交差点から高野山駅方向へ50m
営業／11時〜売り切れ次第閉店
休み／不定休

私は盛り豆腐
精進あんかけを
いただきました

野菜がたっぷりで
とってもヘルシー

梵恩舎《ぼんおんしゃ》

高野山のメインストリート小田原通りで日本人オーナーとフランス人の夫人が経営するカフェ。日替わりランチのプレートは1200円

Data
☎0736-56-5535
交通／バス停小田原通からすぐ
営業／ 9 〜 18時ころ
休み／月・火曜のほか不定休

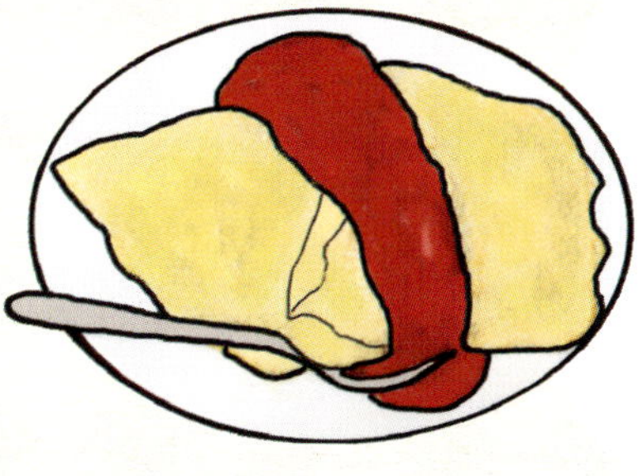

上野屋《うえのや》

精進料理に飽きたらここへ！昭和の香りただようお店はビッグサイズオムライス630円が名物。

Data
☎0736-56-2354
交通／バス停千手院通から徒歩3分
営業／ 11時30分〜 13時、17 〜 21時
休み／日曜

丼2杯分は
ありそう

第二章

空海は今も生きている!?

奥之院《おくのいん》

壇上伽藍
金剛峯寺
奥之院

弘法大師御廟
ポッ
織田信長
供養塔
豊臣家墓所
みろく石
御廟橋
御供所
UCC

奥之院マップ

ここが奥之院
一の橋から、お大師様がいらっしゃる御廟までは約2キロの道のりよ
広い〜
上杉謙信・景勝の墓
姿見の井戸
汗かき地蔵
中の橋
覚鑁坂
密厳堂
玉川通
一の橋
奥之院口
奥の院前
ペコ
明智光秀供養塔
中の橋案内所
武田信玄・勝頼供養塔
伊達政宗供養塔
石田三成供養塔

一の橋の正式名は大渡橋《おおばし》。お大師様が、ここまで送り迎えしてくれるといわれてるのよ
ヘェ
この橋の前で合掌一礼して…
ペコ
案内しよう
弘法大師
お大師様がお出迎え
さあ！一の橋を渡ろう！
うわ〜

すごい！
立派なお墓と杉の木でいっぱい

20万基を超える諸大名の供養塔や、慰霊碑などがあるのよ
これは明智《あけち》光秀《みつひで》の墓
明智光秀墓所
なんかみんな苔がはえた大きな石が積みあげられてるね
空
風
火
水
地
「五輪塔《ごりんとう》」といってね地、水、火、風、空の万物の五大要素を表しているそうよ

あと、企業の墓で
コーヒーカップの
形のお墓や
ucc
ロケットの形の
慰霊碑もあるのよ
へぇ～おもしろいね
あっ、中の橋だ。
ちょうど一の橋と
御廟橋《ごびょうばし》の中間に
来たわ
中の橋は、正式には手水橋といわれ
平安時代の頃は、
ここで身を清めていたんだって
ここを流れる川は、
昔から金の川と
呼ばれてたの
えっ
金?!
金は死の隠語で、「死の川」
つまり三途の川を表して
いるんだって、
この橋を渡ると、これから
先は仏様の世界に入るという
意味になるそうよ
え～怖いよ

中の橋を渡ったところにある地蔵堂には「汗かき地蔵」が安置されているの
汗かき？
これが汗かき地蔵堂
世の人々の苦しみの身代りになりいつも汗をかいているので「汗かき地蔵」って呼ばれてるんだって
今日は汗かいてないよ？
あと、汗かき地蔵のすぐ右横にあるのが「姿見の井戸」
姿見の井戸
姿見の井戸
この井戸をのぞき、自分の姿が水に映らなければ3年以内の命なんだよ〜〜
え〜映るかな

映った〜♡
ふつう映るでしょ
さあ、いこう
このあたりから興教大師堂までの坂を覚鑁坂《かくばんざか》というの
この坂で転ぶと寿命が3年以内であるという伝説があるから気をつけてね
えっ
ツル
スッテン
やっちゃったね
ひぇ〜転んじゃった

大丈夫
大丈夫
人ごとだと思って
プンプン
ケラケラ
ほら、興教《こうぎょう》大師堂（密厳堂《みつごんどう》）だよ
興教大師《こうぎょうだいし》ってだれ？
興教大師とは、真言宗中興の祖で新義《しんぎ》真言宗の開祖の覚鑁《かくばん》のことだよ
中興の祖？
覚鑁《かくばん》
とにかく偉い人よ
ふ〜ん
ほら御廟橋見えてきた

御廟橋の手前に豊臣家の墓があるのよ
豊臣家墓所
ちょっと脇にそれたところにあるのが織田信長の墓（供養塔）
織田信長墓所
織田信長墓所
あれ、織田信長って比叡山延暦寺を焼き討ちにした仏敵だよね？
そう、僧兵をかかえた高野山にも迫り、信仰を広める高野聖《こうやひじり》とよばれる人々を惨殺したのよ
ギャア〜〜
どんな人でも受け入れる懐の深いところなのよね〜高野山って
ふ〜ん

さあ、いよいよ御廟橋《ごびょうばし》。
ここから先は特別な聖域よ
この奥に弘法大師の御廟があるの
待って
橋の手前の御供所《ごくしょ》では、供養したい人の氏名（俗名）を水塔婆に書いてもらうこともできるのよ（一塔婆、２００円）
玉川の清流を背にして並ぶ地蔵菩薩や不動明王、観音菩薩などに水塔婆を納め、水をかけ、先祖の冥福を祈るの

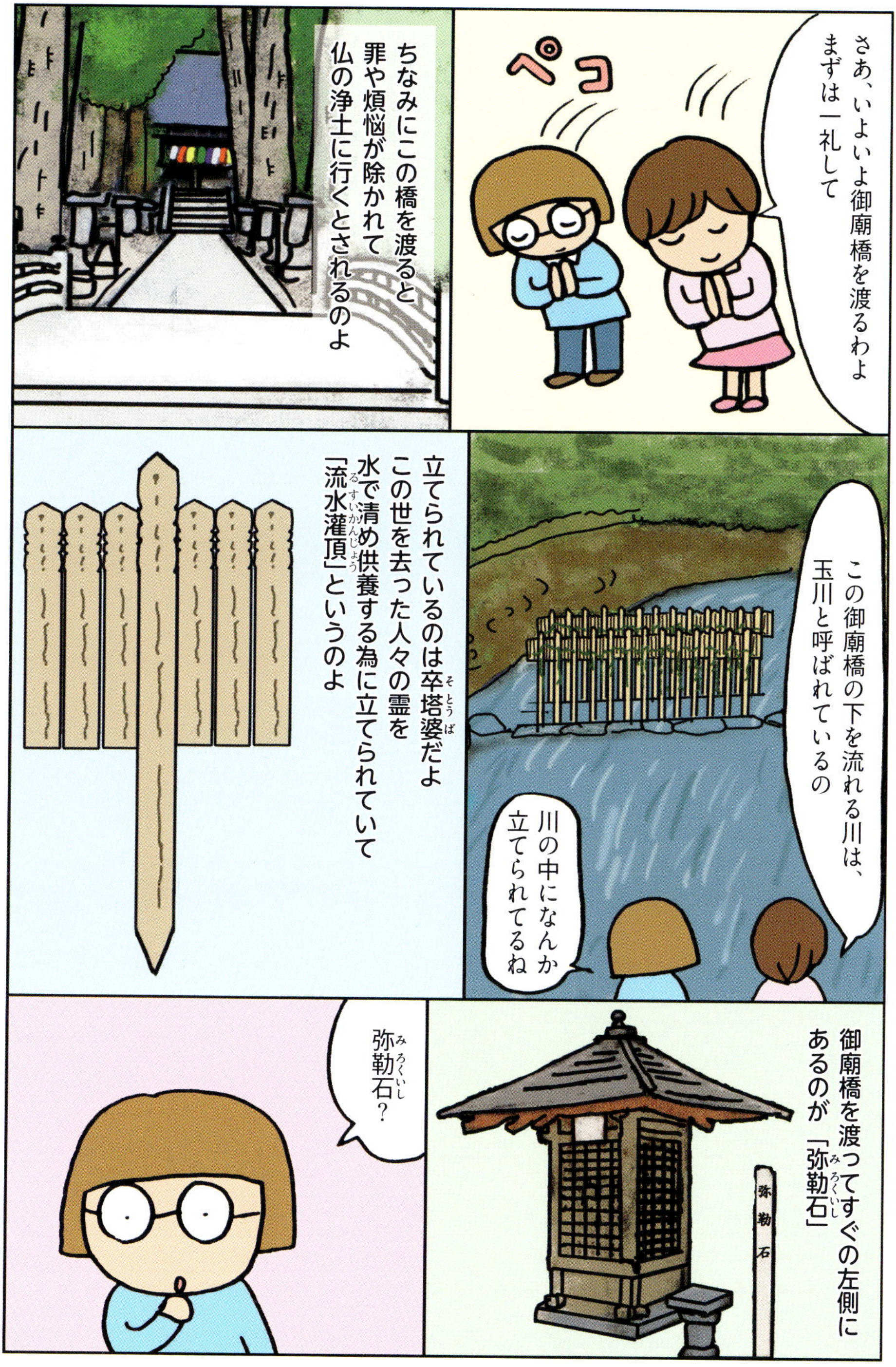
さあ、いよいよ御廟橋を渡るわよ
まずは一礼して
ペコ
ちなみにこの橋を渡ると
罪や煩悩が除かれて
仏の浄土に行くとされるのよ
この御廟橋の下を流れる川は、
玉川と呼ばれているの
川の中になんか立てられてるね
立てられているのは卒塔婆《そとうば》だよ
この世を去った人々の霊を
水で清め供養する為に立てられていて
「流水灌頂《るすいかんじょう》」というのよ
御廟橋を渡ってすぐの左側に
あるのが「弥勒石《みろくいし》」
弥勒石
弥勒石《みろくいし》？

小さな祠に黒い石が置かれているの
穴から腕を入れて、この石に触れると弥勒菩薩の御利益があり、この石を持ち上げると願い事も叶うんだとか…
もちあがらない～
罪の軽い者は簡単に上がり罪の重い者は上がらないだってよ
ククククッ
ク～
さあ～いよいよ聖地中の聖地弘法大師の御廟よ！
ドキドキ
・・・

正面のお堂が、燈籠堂《とうろうどう》
この燈籠堂の後ろに弘法大師《こうぼうだいし》御廟《ごびょう》があるのよ
弘法大師御廟
すご〜い
たくさんの燈籠
燈籠堂内の正面には
千年近く燃え続けているという
「消えずの火」があるのよ
へエ〜

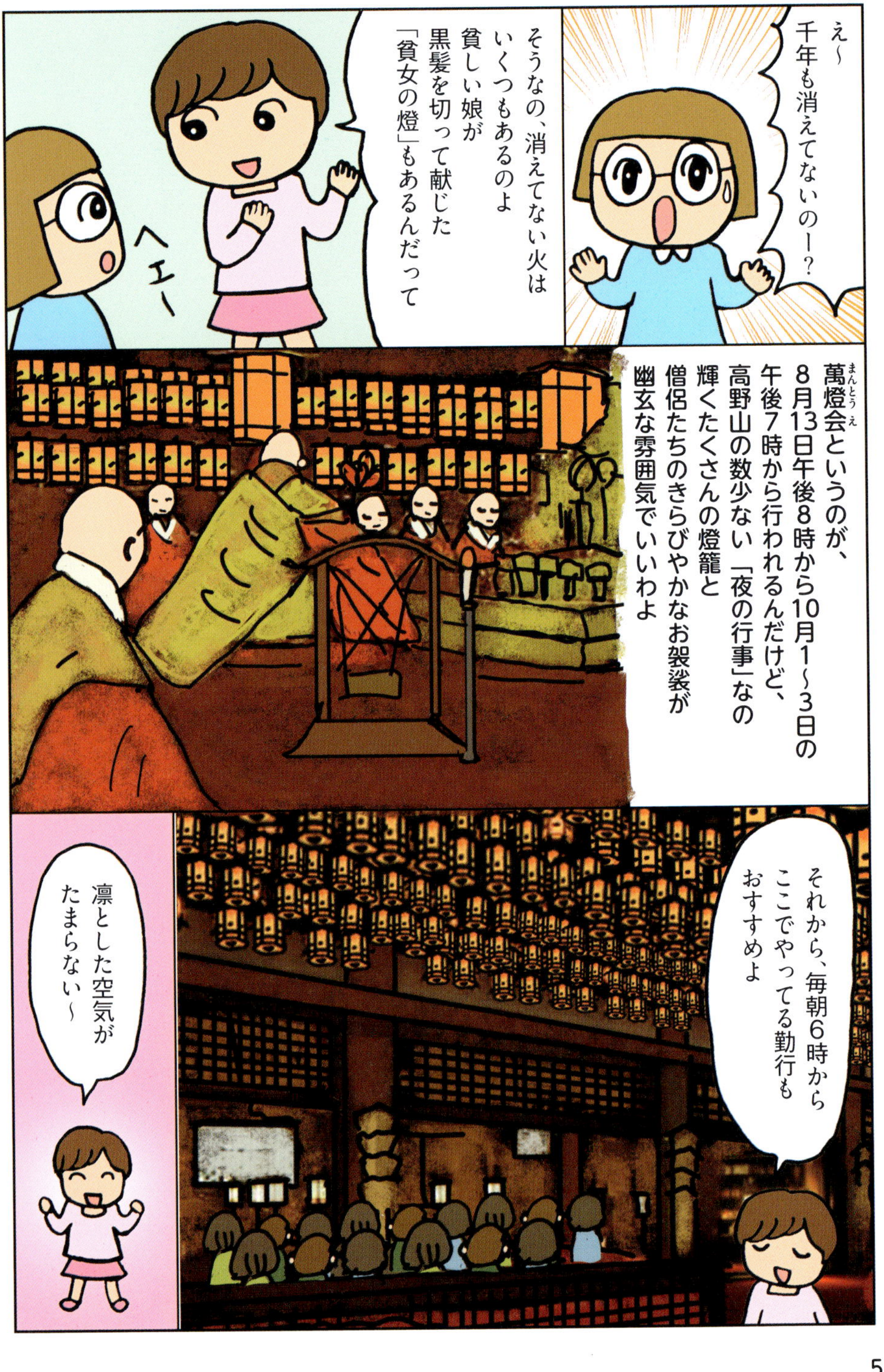
え～
千年も消えてないのー？
そうなの、消えてない火はいくつもあるのよ
貧しい娘が黒髪を切って献じた「貧女の燈」もあるんだって
ヘェ～
萬燈会《まんとうえ》というのが、8月13日午後8時から10月1～3日の午後7時から行われるんだけど、高野山の数少ない「夜の行事」なの
輝くたくさんの燈籠と僧侶たちのきらびやかなお袈裟が幽玄な雰囲気でいいわよ
それから、毎朝6時からここでやってる勤行もおすすめよ
凛とした空気がたまらない～

さあ、この奥がお大師様がいらっしゃる御廟よ
うん
記念燈籠堂《きねんとうろうどう》
一切経蔵《いっさいきょうぞう》
奥之院《おくのいん》
弘法大師御廟《こうぼうだいしごびょう》
納骨堂《のうこつどう》
祈親上人霊屋《きしんしょうにんたまや》
今もこの御廟でお大師様は、深い瞑想をされているのよ

あ～お大師様と同じ空気を吸ってる～
あ～お大師様に見守られてる感じがする～
さあお祈りしましょう南無大師遍照金剛《なむだいしへんじょうこんごう》
南無大師遍照金剛《なむだいしへんじょうこんごう》
ところでお姉ちゃん、南無大師遍照金剛ってどういう意味？
「南無」はサンスクリット語で、心から信じお従い申します、で「大師」は偉大なる師で「遍照金剛」はお大師さまの灌頂名よ つまり、「弘法大師さまを心から信じお従い申します」ということよね
LOVE 弘法大師

そうなんだ〜
ここで瞑想してるお大師様にごはんも運ばれてるんだよ
毎日朝の6時と10時半の2回、お大師様にお供えするお食事が御供所から運びだされるのよ
まず御供所のすぐ横の嘗試《あじみ》地蔵《じぞう》に味を見てもらうの
それから燈籠堂の中央正面に供えられるのよ
この「生身供《しょうじんく》」は、1200年間もの間繰り返されてきているんだって
すごいね〜
でも、6時と10時半の2回でお腹空かないのかな?
う〜ん確かに
仏教では夕食はたべないので、夕食のことを薬食というそうだ

近くの頌徳殿《しょうとくでん》では1日に6回法話が行われてるので聞きに行くことに…
ようお参り下さいました
私が高野山大学に通っていたとき「死んで仏になるんやない今、生きてる自分のままで仏になるんや」と教わりました
それがお大師様の「即身成仏《そくしんじょうぶつ》」の教えなんです。
えっ「即身成仏」ってミイラ?
よく間違われますが即身成仏と即身仏は違います
お大師様が説いた真言宗の教えで印を結んで、真言を唱えて心を仏に集中して仏と一体になることを「即身成仏」というのです
仏
真言
印
「即身成仏」
生きたまま仏になる

この身のまま仏になるということです
難しい〜（汗）
うーん
密教、奥深いわ〜
私たちがそう簡単にわかるはずないよね
でも、とにかく私はお大師様と同じ空気がすえて満足！
…よかったね

第三章

高野山真言宗の総本山

金剛峯寺《こんごうぶじ》

ところでお姉ちゃん、金剛峯寺《こんごうぶじ》って高野山のこと？
う～ん 普通、お寺というと一つの建造物だけど金剛峯寺は違うのよ
高野山全体が金剛峯寺で高野山の至る所が金剛峯寺の境内であり、高野山に点在するお寺は、金剛峯寺の子院なの
117ヶ寺（そのうち52ヶ寺は宿坊）
金剛峯寺という名前は、空海が「金剛峯楼閣一切瑜伽瑜祇経《こんごうぶろうかくいっさいゆがゆぎきょう》」というお経より名付けたんだって
明治時代以降は、興山寺と青巌寺を合併して金剛峯寺としたんだって
興山寺《こうざんじ》 客僧や学校施設
＋
青巌寺《せいがんじ》 豊臣秀吉が母の菩薩を弔うために建てた寺
＝
金剛峯寺 高野山真言宗の総本山
？
？
う～ん よくわかんない
？
まあ、とにかくお寺の金剛峯寺に行ってみよう
？
？
？
？
？

壇上伽藍のすぐ手前の駐車場の前が金剛峯寺の入口
昔はこの正門を出入りできるのは天皇皇族、高野山の重職だけだったんだって
へぇ～
これも文禄2年（1593年）に再建された門なの
提灯に2つの紋があるね
一般に紋は、一つだけど金剛峯寺は二つあるの
三つ巴
→巴が3つ
高野山の鎮守・丹生都比売神社の紋
五三桐
5
3
3
豊臣秀吉拝領の青巌寺の紋

さあ、中に入ろう！屋根は檜の皮を重ねた檜皮葺《ひわだぶき》よ
あれ？屋根の上になんか乗ってる
あれは、天水桶《てんすいおけ》だよ
あれに雨水を溜めて、火災が発生したときに火の粉で屋根が燃えないように桶の水を撒くんだって
入口は、大玄関でなくて右側からね
大玄関
入口

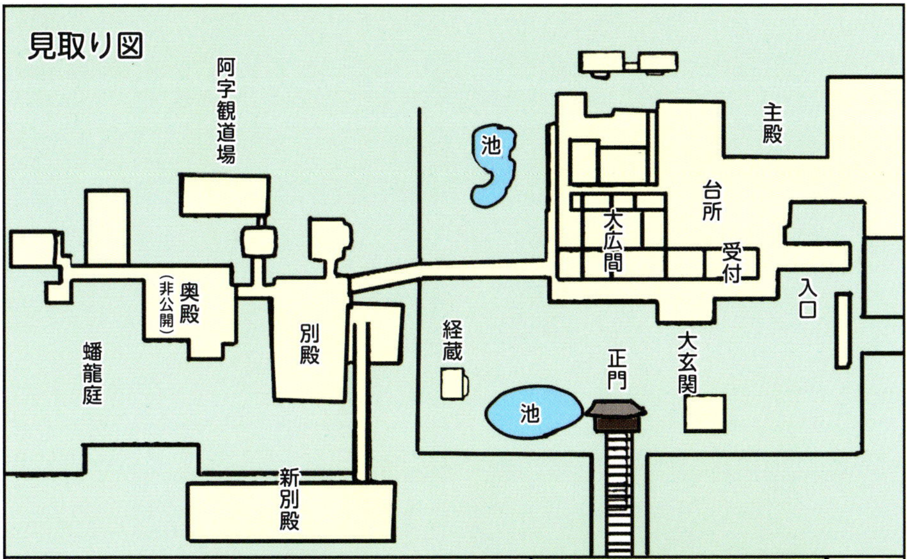
見取り図
阿字観道場
池
主殿
台所
大広間
受付
入口
奥殿
(非公開)
別殿
経蔵
正門
大玄関
蟠龍庭
池
新別殿

受付で拝観料500円を払って
受付横には奥之院にあった大きな高野杉の切りかぶが
金剛峯寺
この額の字は空海の書を元にしたんだって
ヘェー
次は大広間
きらびやかな襖

大広間の正面奥に位置する部屋は家庭の仏間にあたる「持仏之間《じぶつのま》」
秘仏で見られないけど弘法大師の像が祀られてるんだって
その隣は襖に梅の絵がかかれた「梅の間」
その隣は柳と鷺が描かれた「柳の間」
「柳の間」は豊臣秀吉《とよとみひでよし》の甥の秀次《ひでつぐ》が、切腹した部屋で「秀次自刃《じじん》の間」ともいわれているのよ
豊臣秀次
ひぇ〜 この部屋で切腹したの？

まあ戦国時代だからね
奥殿は非公開
奥殿には蟠龍庭《ばんりゅうてい》という国内で最大級の石庭があるの
石は2匹の龍をかたどっている
ステキ

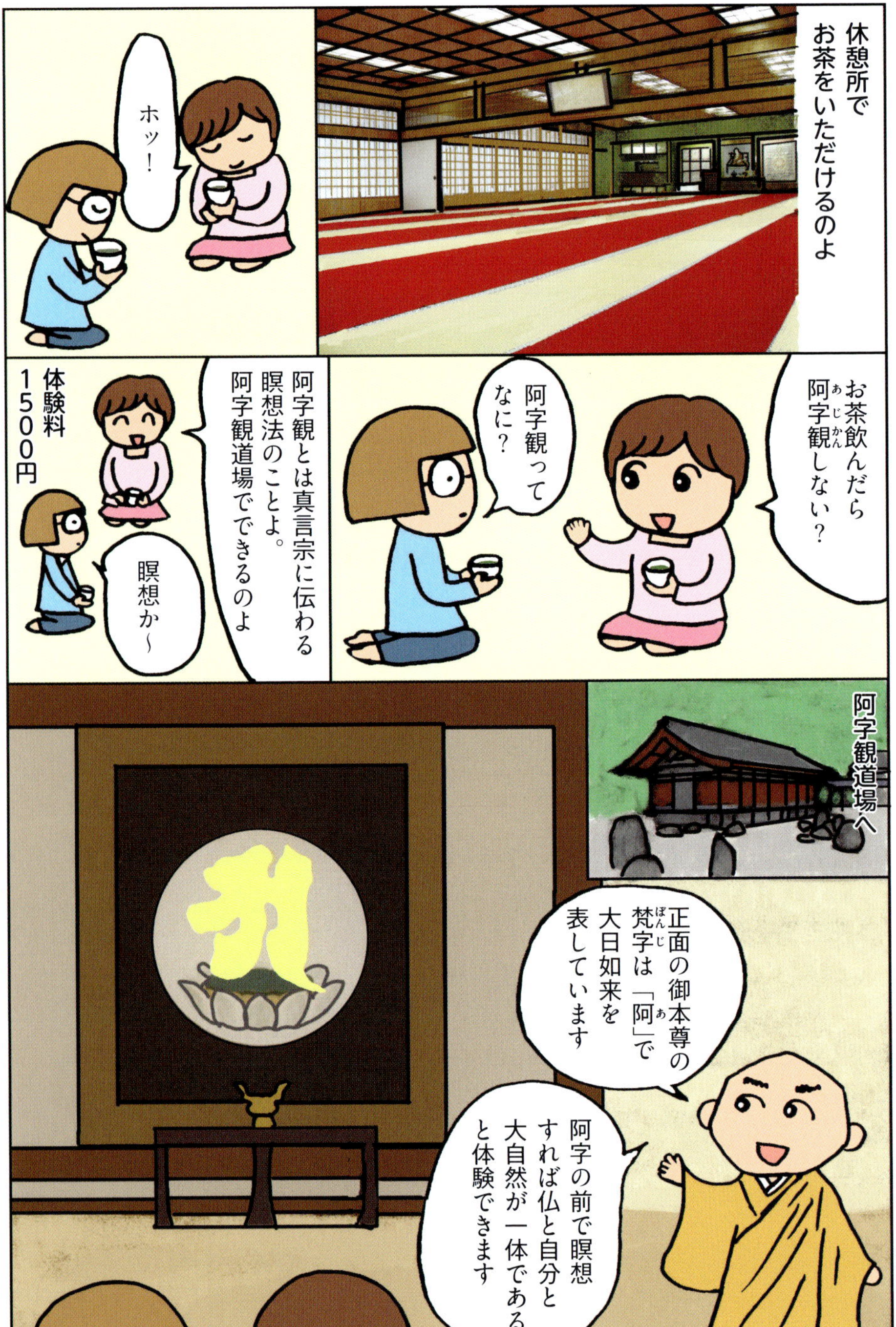
休憩所で
お茶をいただけるのよ
ホッ！
お茶飲んだら
阿字観《あじかん》しない？
阿字観って
なに？
阿字観とは真言宗に伝わる
瞑想法のことよ。
阿字観道場でできるのよ
体験料
1500円
瞑想か〜
阿字観道場へ
正面の御本尊の
梵字《ぼんじ》は「阿《あ》」で
大日如来を
表しています
阿字の前で瞑想
すれば仏と自分と
大自然が一体である
と体験できます

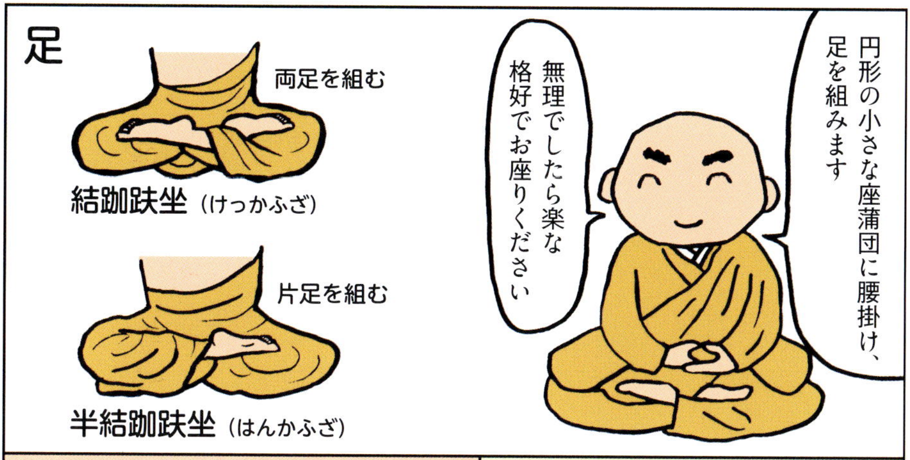
足
円形の小さな座蒲団に腰掛け、足を組みます
無理でしたら楽な格好でお座りください
両足を組む
結跏趺坐（けっかふざ）
片足を組む
半結跏趺坐（はんかふざ）

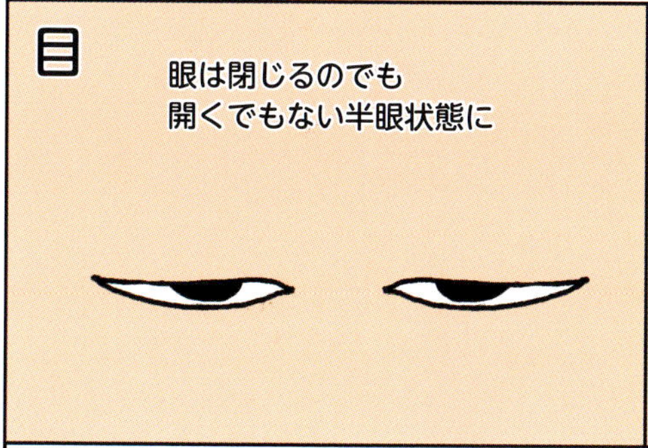
目
眼は閉じるのでも
開くでもない半眼状態に

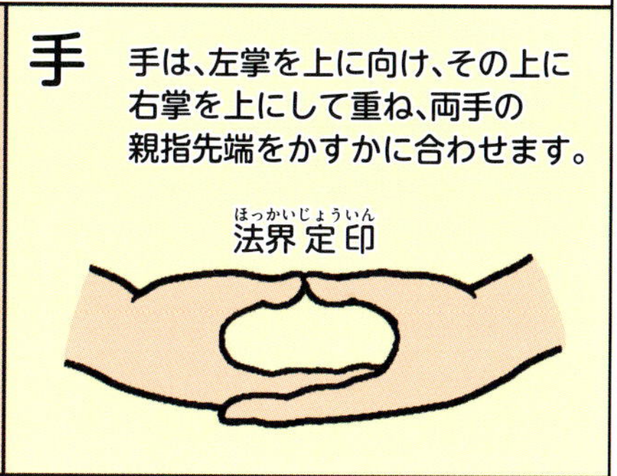
手
手は、左掌を上に向け、その上に
右掌を上にして重ね、両手の
親指先端をかすかに合わせます。
法界定印《ほっかいじょういん》

息
高野山の霊気をイメージして鼻から息を吸いましょう
下腹部が清らかな霊気で満たされたら
息を止めます
「あ～」と声をお腹の底から出しながら息を吐いていきます
あ～

これを何度も繰り返します
この息は遠くへ遠くへ
消え去ってゆきます
あ〜
あ〜
皆さんの唱えた「阿」は
大日如来の大いなる命の響きと
なり大地を貫いてゆきます
なんだか
気持ちいい
宇宙？
心が
落ち着いていく
あ〜
大自然との一体感？

はい、終了です
身と息と心を整えられましたか？
はい！心が落ち着きました
阿字観やってゆったりした気持ちになれたね
でしょ
あとで、大師教会で写経と授戒も受けに行こうね
うん
でもこの先はなに？
天皇が使う高貴なお部屋って感じね

書院上壇之間（しょいんじょうだんのま）
以前は天皇が来られた時に応接間として使用され、現在は高野山の重要な儀式に使用されている部屋

真然大徳廟（しんぜんだいとくびょう）
そして奥にあるのが「真然大徳廟」
「真然僧正」は、弘法大師の甥で
大師の遺志を守り
その高野山の基礎を固めたの
真然僧正って
初めて聞いたわ
これは台所よ
広い～
これでひととおり見たわ
なんかきらびやかだったね
元は、豊臣秀吉が亡き母の菩提を弔うために建てた建物だからね
金剛峯寺
大師教会
じゃ次は、向いの大師教会へ行こう
うん

高野山
金剛講総本部
高野山
大師教會本部
高野山大師《だいし》教会《きょうかい》だよ
教会？
教会といってもキリスト教会じゃないよ
ケラケラ
え～じゃ何？
大師教会は高野山真言宗の布教の総本部なの
まあ、簡単に言えばお大師様の教えを広げる活動を行っているところ
さあ！授戒《じゅかい》を受けにいこう
授戒ってなに？
体験すればわかるよ
2人お願いします
一人500円です

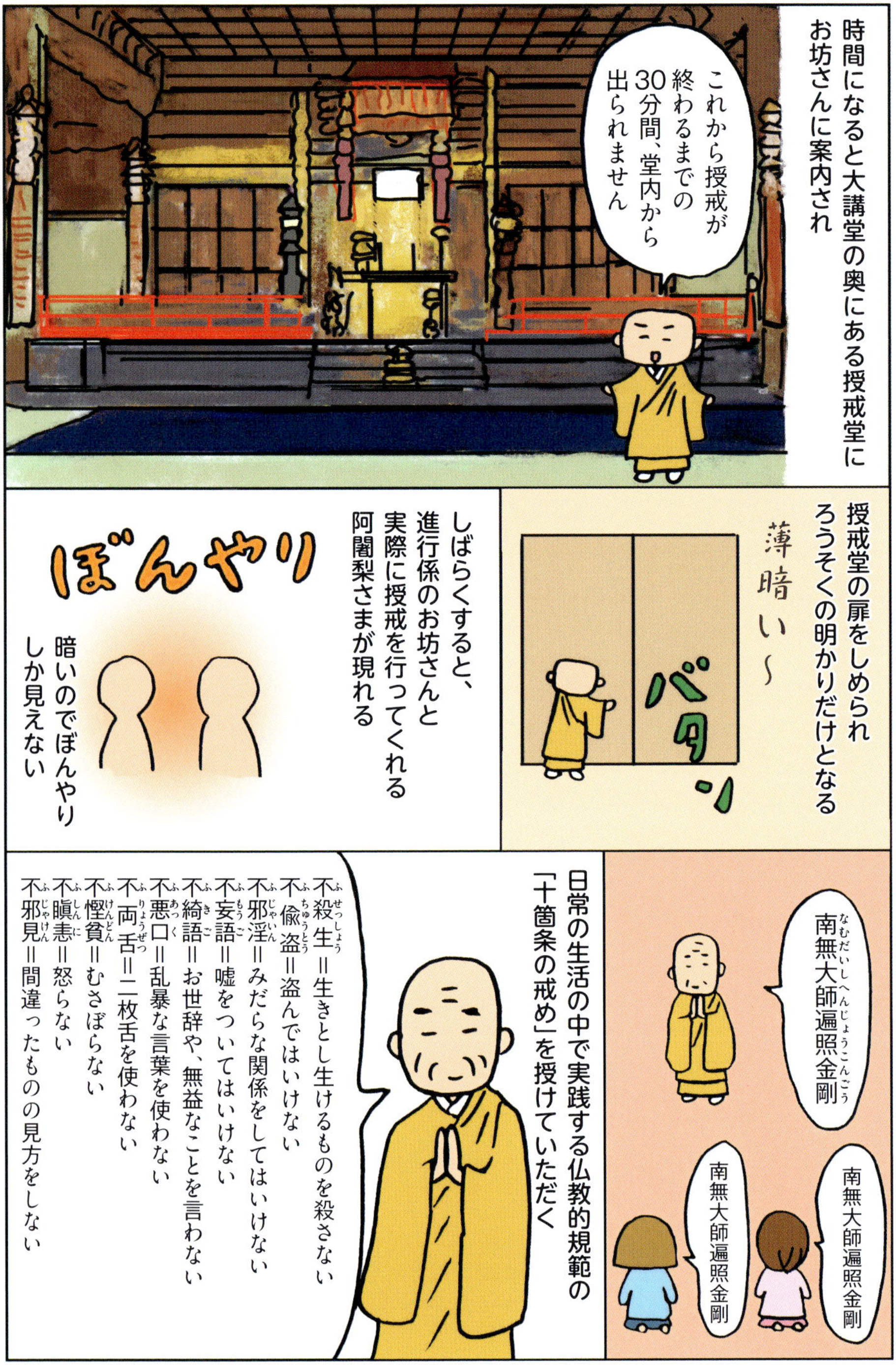
時間になると大講堂の奥にある授戒堂にお坊さんに案内され
これから授戒が終わるまでの30分間、堂内から出られません
授戒堂の扉をしめられろうそくの明かりだけとなる
薄暗い〜
バタッ
しばらくすると、進行係のお坊さんと実際に授戒を行ってくれる阿闍梨さまが現れる
ぼんやり
暗いのでぼんやりしか見えない
南無大師遍照金剛《なむだいしへんじょうこんごう》
南無大師遍照金剛
南無大師遍照金剛
日常の生活の中で実践する仏教的規範の「十箇条の戒め」を授けていただく
不《ふ》殺生《せっしょう》＝生きとし生けるものを殺さない
不《ふ》偸盗《ちゅうとう》＝盗んではいけない
不《ふ》邪淫《じゃいん》＝みだらな関係をしてはいけない
不《ふ》妄語《もうご》＝嘘をついてはいけない
不《ふ》綺語《きご》＝お世辞や、無益なことを言わない
不《ふ》悪口《あっく》＝乱暴な言葉を使わない
不《ふ》両舌《りょうぜつ》＝二枚舌を使わない
不《ふ》慳貪《けんどん》＝むさぼらない
不《ふ》瞋恚《しんに》＝怒らない
不《ふ》邪見《じゃけん》＝間違ったものの見方をしない

順番に名前を呼ばれ「菩薩戒牒《ぼさつかいちょう》」というお札を授かる
菩薩戒牒
阿闍梨さまより法話をいただき終了
これで授戒は終わりました
ありがとうございました
授戒を受けたということは弘法大師空海の弟子になったということね
すがすがしい気分
え〜お姉ちゃん10個の戒め守れるの？
無理・・・
少しは“無”の境地になれるように写経もしよう
写経2人お願いします
はい、写経を奉納される場合は1000円、されない場合は用紙代として100円お願いします

写経教室へ
清めるために
塗香《ずこう》を手に刷り込む
スリスリ
用紙を置いて筆ペンで
文字をなぞっていく
シーン
ただ字を写すことに
夢中になれる
真剣
約30分で終了
無の境地になれたよ
私も
授戒も写経も
よかったね
うん

次はバスで女人堂へ
不動坂口の女人堂だよ
なんで女人?
明治の初めまで高野山は女人禁制だったの
いれて
え〜じゃ、私たち来れなかったね
不動坂口《ふどうざかぐち》
黒河口《くろこぐち》
大門口《だいもんぐち》
高野山
大峰口《おおみねぐち》
龍神口《りゅうじんぐち》
大滝口《おおたきぐち》
相の浦口《あいのうらぐち》
女性が入れたのは、高野山の七つの入り口までそこに籠り堂として女人堂が建てられたの不動坂口の女人堂は現存する唯一の建物なのよ女性たちは、御廟が拝みたいと女人堂から女人堂へとめぐったのだそうよ
この先には徳川家霊台もあるよ
徳川家霊台は徳川家康と秀忠の霊を祀ったところなの
秀忠
徳川家康

きらびやかだね～
建物内部もキラキラなんだって
まだ見るとこあるの？
あるのよ～まだまだ
また商店が立ち並ぶメインの通りに戻るわよ
苅萱堂《かるかやどう》
堂萱苅
この苅萱堂には石童丸物語《いしどうまるものがたり》という悲話があるの

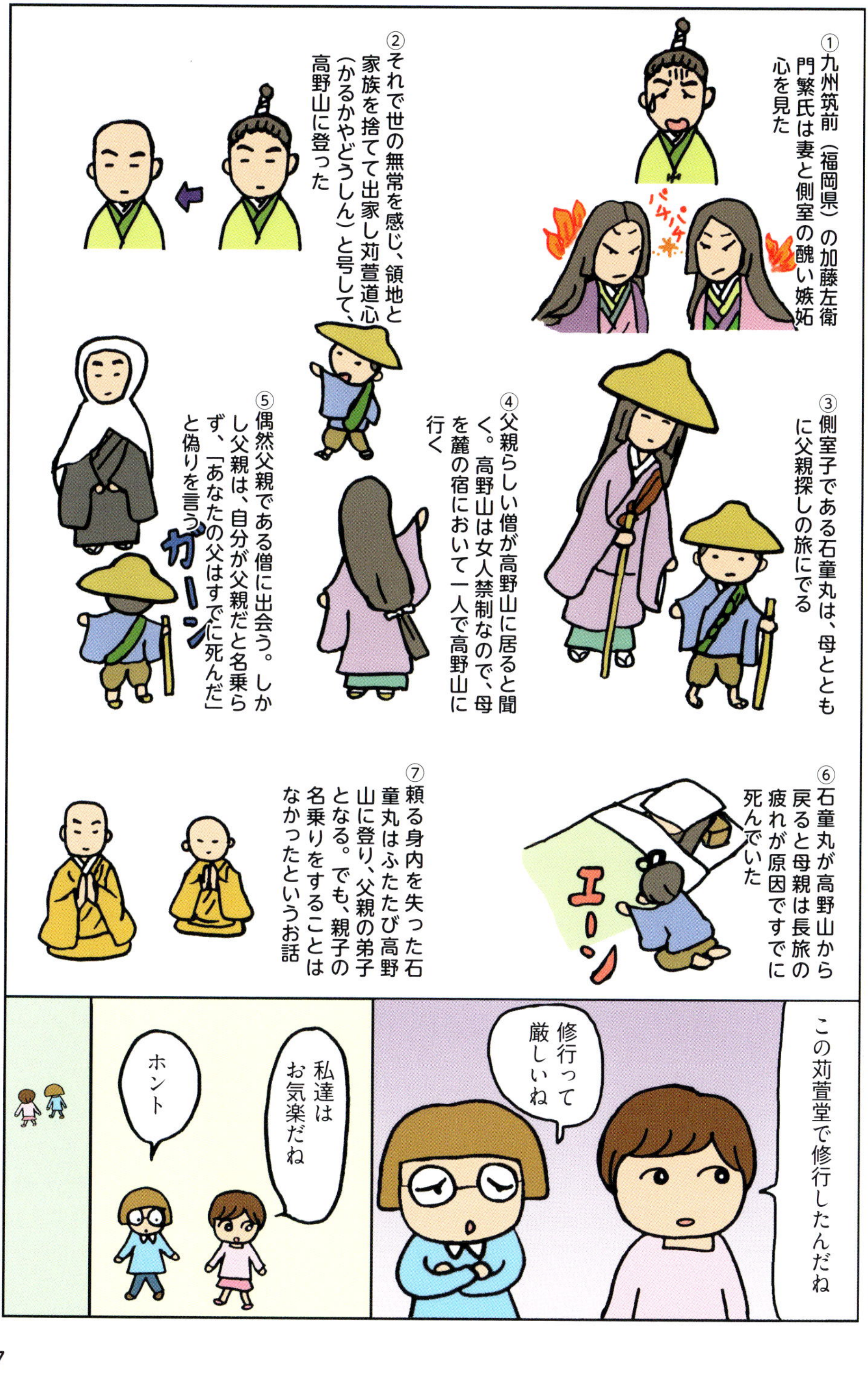
①九州筑前（福岡県）の加藤左衛門繁氏は妻と側室の醜い嫉妬心を見た
パチパチ
②それで世の無常を感じ、領地と家族を捨てて出家し苅萱道心（かるかやどうしん）と号して、高野山に登った
③側室子である石童丸は、母とともに父親探しの旅にでる
④父親らしい僧が高野山に居ると聞く。高野山は女人禁制なので、母を麓の宿において一人で高野山に行く
⑤偶然父親である僧に出会う。しかし父親は、自分が父親だと名乗らず、「あなたの父はすでに死んだ」と偽りを言う
ガーン
⑥石童丸が高野山から戻ると母親は長旅の疲れが原因ですでに死んでいた
エーン
⑦頼る身内を失った石童丸はふたたび高野山に登り、父親の弟子となる。でも、親子の名乗りをすることはなかったという話
この苅萱堂で修行したんだね
修行って厳しいね
私達はお気楽だね
ホント

コラム

スーパースター 空海

真言宗を開いた平安仏教界の巨星・弘法大師空海は
仏の道だけでなく、文化、芸術、科学とさまざまな分野で
マルチな才能を発揮した、スーパーマンだった!!

違いが分かる男空海。実は筆を選ぶこだわりの人だった!?

書に精通し、嵯峨《さが》天皇《てんのう》、橘逸勢《たちばなのはやなり》とともに「三筆」に選ばれている空海。空海は書体も、自由自在に書き分けることができたといいます。そんな空海にあやかったことわざで良く知られているのが、
「弘法筆をえらばず」。
“本当の名人は道具の良し悪しは問題にしない”といった例えで良く使われますが”、実は空海自身は道具へこだわりの強い人でした。『性霊集巻四』※のなかで「良工は先づ其の刀を利くす、能書は必ず好筆を用ゐる」と書いています。これはつまり、「良い文章を書く時には、必ず良い筆を使う」ということ。本当は「筆を選ぶ」人だったそうです。

※『性霊集』(しょうりょうしゅう)は、空海の詩文などを、
空海の弟子真済(しんぜい)が集めたもので10巻ある。

治水事業でも力を発揮

空海は建築や治水などの土木技術者としても高い能力を持っていました。最も有名なのが讃岐国（香川県）にある日本最大のため池・満濃池の修復。
大雨の度に決壊し、甚大な被害を出していたこのため池を、空海は池の中心に向かってアーチ状の堤防を築き、水の圧力を分散させました。この工法は黒部ダムをはじめ、多くのダム工法に今もつかわれているもの。空海は現代でも通用する土木技術の知識も持っていたのです。

語学のスペシャリスト空海

密教の修行を行うのに欠かせなかったのが「語学」。空海は密教を理解するためにサンスクリット語（梵語）と中国語を勉強し、わずか3ヶ月で完全マスターしたといいます。その集中力はすさまじく、梵語を書いた紙を食べてしまったほどだったとか。

第四章

密教文化の真髄に触れる

高《こう》野《や》山《さん》霊《れい》宝《ほう》館《かん》

高野山1200年の歴史は苦悩の歴史でもあるのよ
ポキッ
廃仏毀釈《はいぶつきしゃく》
火災4回
そうした難を逃れた仏像や寺宝を展示してある霊宝館《れいほうかん》に行ってみよう！
オー
高野山霊宝館《こうやさんれいほうかん》
建物は宇治《うじ》平等院《びょうどういん》を模しているそう
現存する木造博物館としては最古なんだって
霊寳館
入館は600円
靴を脱いで入ってね
国宝21件、重要文化財133件などかず多くの文化遺産が収蔵されている
本館
一般的な絵画
（紫雲殿）
南廊
西廊（彫刻）
（放光閣）
彫刻
玄関
トイレ
物品
受付事務所
新館
（3室）企画展・テーマ
（2室）絵画
（1室）彫刻

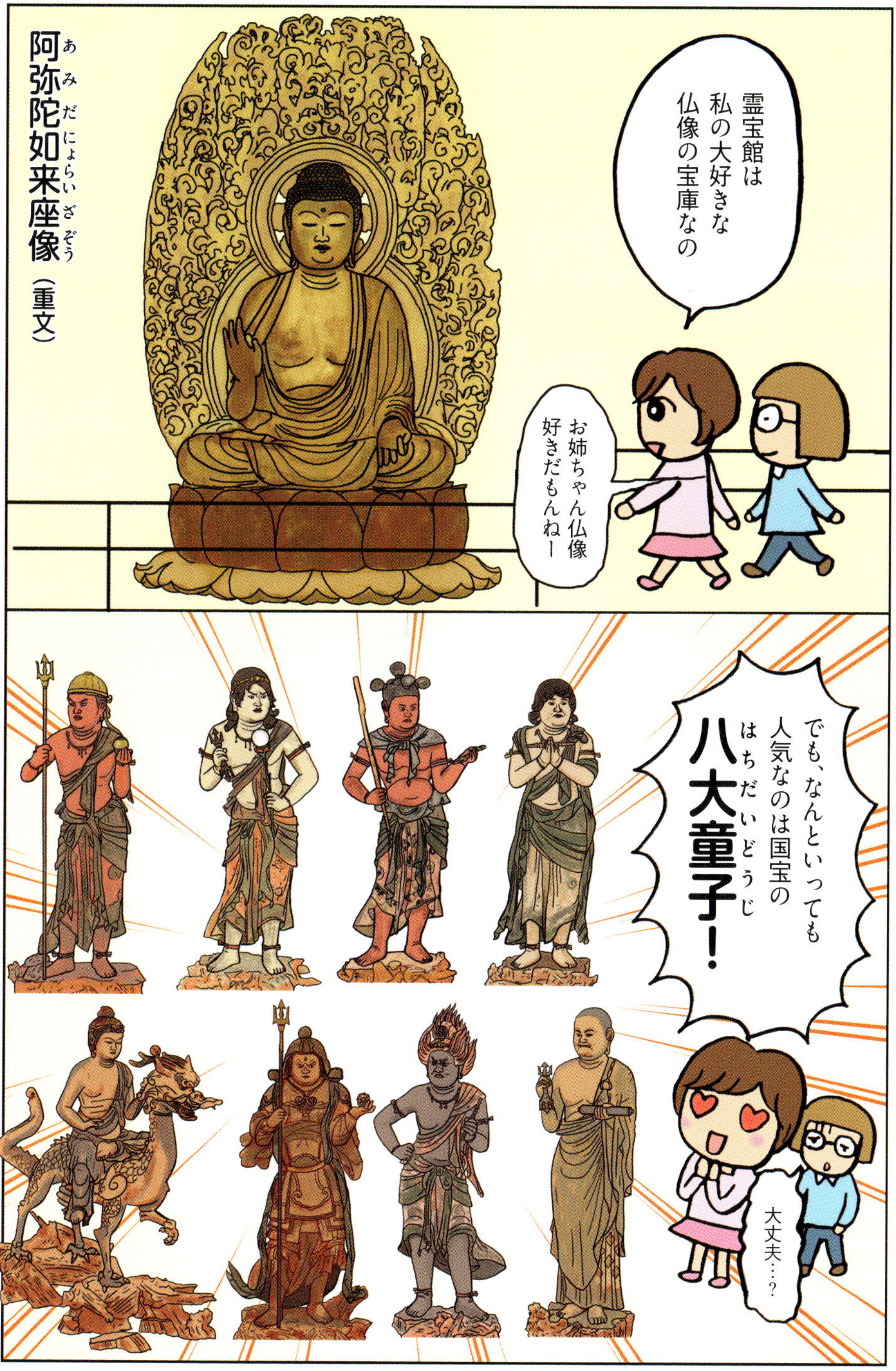
阿弥陀如来坐像《あみだにょらいざぞう》（重文）
霊宝館は私の大好きな仏像の宝庫なの
お姉ちゃん仏像好きだもんねー
でも、なんといっても人気なのは国宝の八大童子《はちだいどうじ》！
大丈夫…？

どの像も、ぽっちゃりしてかわいい♡
特に有名なのはこの二体
合掌した手に独鈷杵（とっこしょ）
像の高さは約1mしかなく小さい
右手に金剛棒
左手に三鈷杵（さんこしょ）
経典によると、15歳の少年の姿だそうだが髪型がちょっとおばさんパーマっぽい
制多伽童子の「せいたか」とは背が高いという意味ではなく（笑）サンスクリット語の「チェータカ」を音写したもの。従僕や奴隷という意味
制多伽童子（せいたかどうじ）
矜羯羅童子（こんがらどうじ）

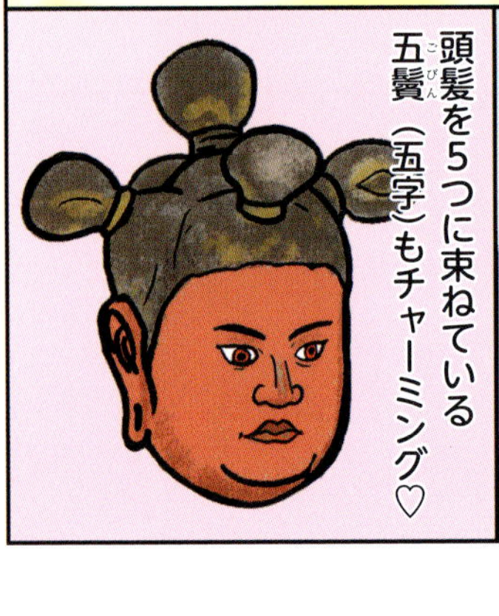
頭髪を5つに束ねている五鬟《ごびん》（五字）もチャーミング♡

不動明王に仕える8人の童子で、特に矜羯羅《こんがら》童子《どうじ》と制多伽《せいたか》童子《どうじ》は不動明王の脇侍《わきじ》として三体で祀られるのよ
へエ〜

私が一番好きなのは、恵光童子！
なかなかイケメン
右手に金剛杵
（三鈷杵）
左手に月輪を
乗せた蓮華
名前のとおり、恵みの光を持って
一切を照らし出すといわれているの
眉根を寄せ
睨みつけるような目で
見つめているが、
怖くはない
八大童子の
中で一番
彼氏にしたい
タイプ
ポッ
恵光童子（えこうどうじ）
無理…

恵喜童子
（えきどうじ）
左手に何でも願いを叶えてくれる
金色の摩尼宝珠（まにほうじゅ）を持つ
右手は三叉戟（さんさげき）を
持っている
清浄比丘童子
（しょうじょうびくどうじ）
比丘（びく）とは、男性の出家修行者のこと
ちなみに女性の出家修行者は比丘尼（びくに）という
右手に三鈷杵（さんこしょ）
左手に巻物を持っている
目が赤く、なぜか口元は
上の歯で下唇を噛み締めている
童子という割には
老けているようだけど、
シワもなくムチムチしているね
若年寄？

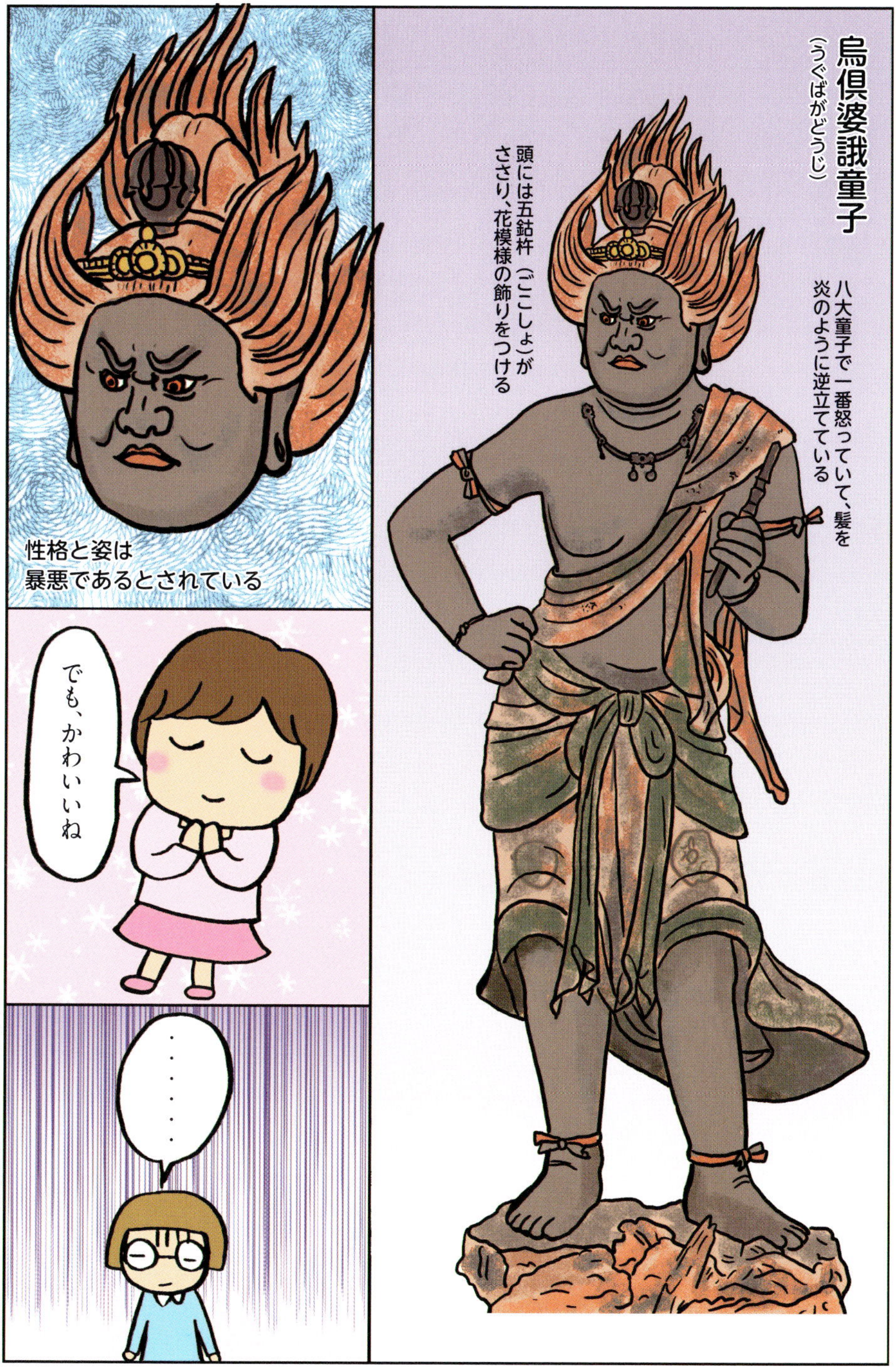
烏倶婆誐童子
（うぐばがどうじ）
八大童子で一番怒っていて、髪を炎のように逆立てている
頭には五鈷杵（ごこしょ）がさされ、花模様の飾りをつける
性格と姿は
暴悪であるとされている
でも、かわいいね
・・・・・・

ちなみにこの6体は運慶作と言われていて国宝なの
じゃ、あとの2体は?

彩色がされていない指徳童子《しとくどうじ》・阿耨達童子《あのくたどうじ》は当初の像が無くなったために他の6体より少し遅れて造られたの
指徳童子
(しとくどうじ)
八大童子の中で唯一鎧兜を身につけていて強そう
額にも目がある
阿耨達童子
(あのくたどうじ)
龍はまるで馬のような姿
左手には蓮華
菩薩のような姿で右足を下ろした気楽な姿で龍を乗りこなしている
この2体は国宝の付属になっているのよ
ヘェ〜

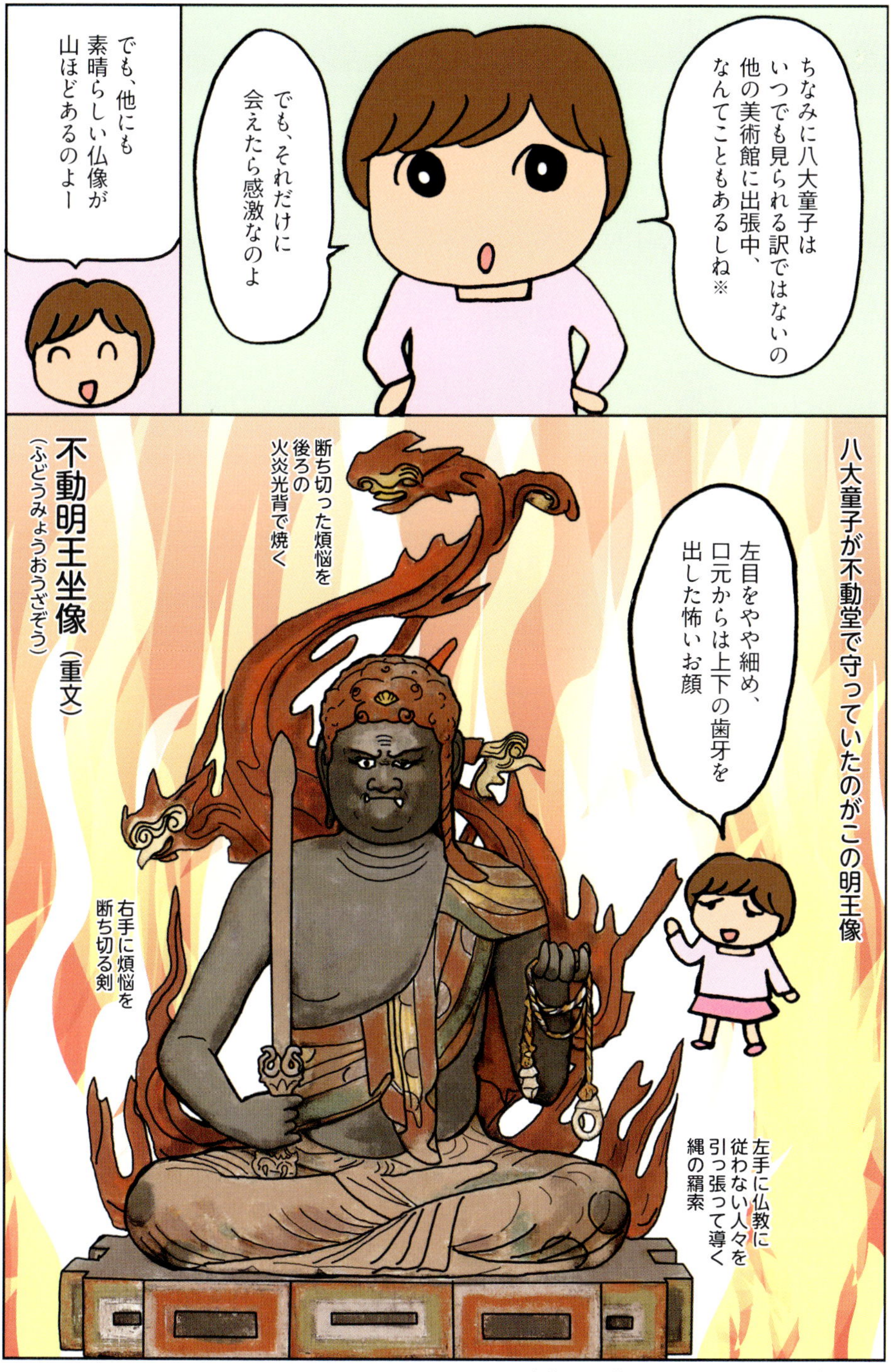
ちなみに八大童子は
いつでも見られる訳ではないの
他の美術館に出張中、
なんてこともあるしね※
でも、それだけに
会えたら感激なのよ
でも、他にも
素晴らしい仏像が
山ほどあるのよー
八大童子が不動堂で守っていたのがこの明王像
左目をやや細め、
口元からは上下の歯牙を
出した怖いお顔
断ち切った煩悩を
後ろの
火炎光背で焼く
不動明王坐像（重文）
（ふどうみょうおうざぞう）
右手に煩悩を
断ち切る剣
左手に仏教に
従わない人々を
引っ張って導く
縄の羂索

※霊宝館の展示状況についてはホームページで確認を

諸尊仏龕（国宝）
（しょそんぶつがん）
これ空海が中国から持ち帰ったものなんだって！20㎝ほどの白檀を三分割し、内部にはびっしりと諸菩薩が彫られているの国宝よ！
空海は寝る時も肌身離さず携えていたことから「枕本尊《まくらほんぞん》」とも呼ばれているのよ
高さ２３㎝
諸尊仏龕は代々の密教伝承者の証とされているんだって
ヘェー
だから空海は大切にしていたんだね

この弘法大師の像は正面向きではなく、左向きなの
弘法大師坐像（こうぼうだいしざぞう）
（萬日大師《まんにちだいし》）
なぜ左向きか…というと
ある行者がこの弘法大師の像を30年以上、毎日拝んでいると
南無大師遍照金剛
一万日目、その行者の夢に弘法大師が現れ優しく顔を向けて
くるっ
萬日の功、真実なり
と語りかけたのだそう
Zzz
目を開けた行者が拝んでいた像を見ると左を向いていたんだって
ぶ、仏像の首が動いたの!!

大日如来坐像（重文）
（だいにちにょらいざぞう）
西塔のできた仁和3（887）年の作で、高野山で一番古い像
こちらが西塔の元ご本尊
頭の上には太く高く結った髻
幅の広い異国風のお顔
左手をこぶしに握って人差し指をたて、それを右手で握る。まるで忍者のような智拳印（ちけんいん）は、最高の悟りを表す
像高98.5㎝の檜の一本造り

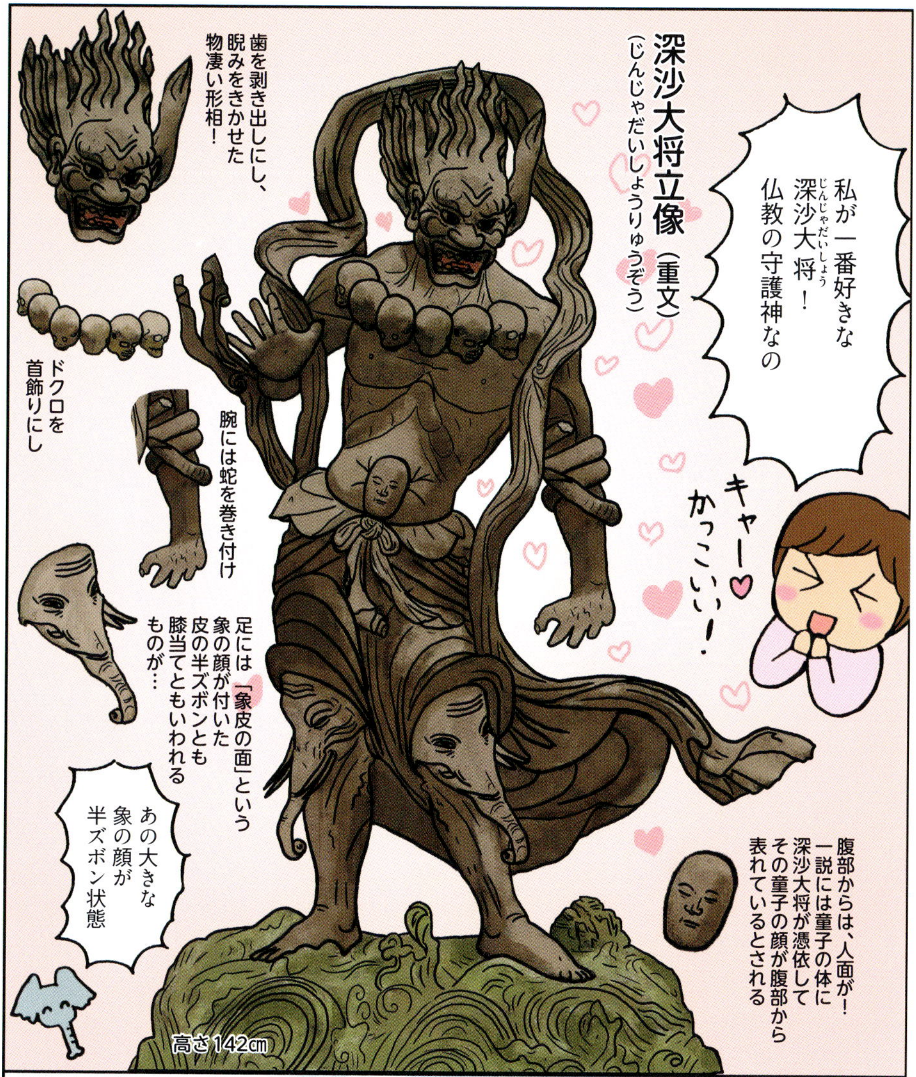
深沙大将立像（重文）
（じんじゃだいしょうりゅうぞう）
私が一番好きな
深沙大将《じんじゃだいしょう》！
仏教の守護神なの
キャー
かっこいい！
歯を剥き出しにし、
睨みをきかせた
物凄い形相！
ドクロを
首飾りにし
腕には蛇を巻き付け
足には「象皮の面」という
象の顔が付いた
皮の半ズボンとも
膝当てともいわれる
ものが…
あの大きな
象の顔が
半ズボン状態
腹部からは、人面が！
一説には童子の体に
深沙大将が憑依して
その童子の顔が腹部から
表れているとされる
高さ142㎝

深沙大将は、三蔵法師が
砂漠で倒れそうになった時に、
砂の中から現れ、三蔵法師を
守ったといわれる仏様で
パタン
「西遊記」の河童の沙悟浄の
モデル。日本では「川の神様」
また、多聞天（毘沙門天）の
化身ともいわれるのよ

執金剛神立像（重文）
（しゅこんごうしんりゅうぞう）
深沙大将《じんじゃだいしょう》と対になっている
執金剛神の中から
2012年に墨書名が見つかり
快慶《かいけい》作だとわかったの
だから、深沙大将も
快慶作ということに！
髪を逆立て
鎌倉時代の仏師よ！
快慶ってだれ？
金剛杵を執って仏法を守護する
ことから、執金剛神という
お役目は金剛力士像
（仁王）と同じ
でも、金剛力士は
2人だけど、
執金剛神は1人なの
片足で踏み出す姿
高さ149㎝

四天王立像（重文）
（してんのうりゅうぞう）

四天王像（重文）も快慶作よ！
四天王？
この躍動感、表情が素晴らしいでしょ!!
四天王は須弥山《しゅみせん》の四方を護っている仏様よ
快慶ってすごい芸術家だねー
快慶っていうと、阿弥陀像や菩薩像のように優しい表情のものが多いの
だから四天王像はとても珍しいものなのよ
そうなんだー

西の広目天は左手に巻子、右手に筆

北を護る多聞天は右手に宝塔、左手に三叉鉾

南を護る増長天は右手に刀を持ち、左手を腰に

東を護る持国天は左手に三叉鉾を持ち、右手を腰に

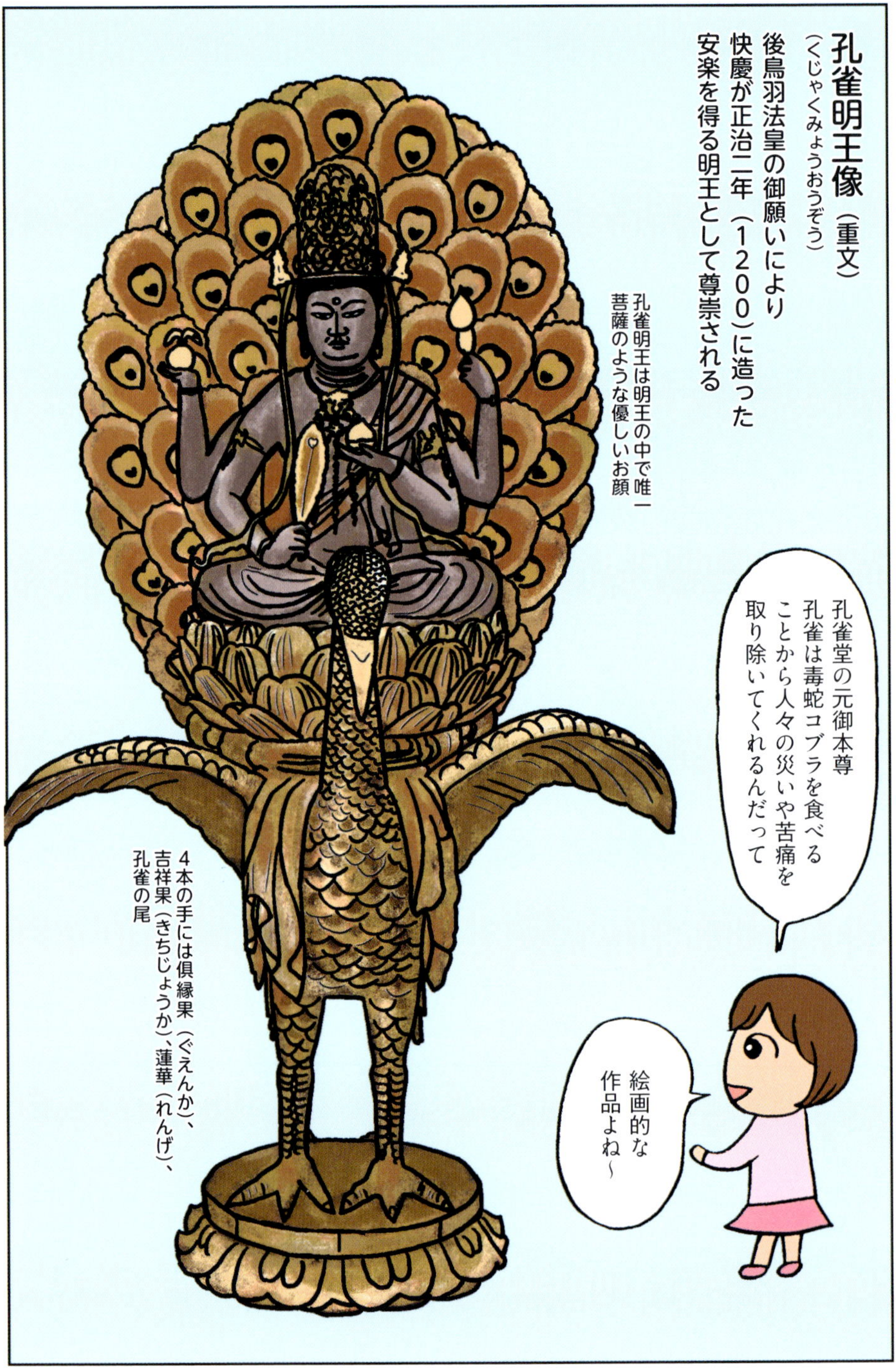
孔雀明王像（重文）
（くじゃくみょうおうぞう）
後鳥羽法皇の御願いにより
快慶が正治二年（1200）に造った
安楽を得る明王として尊崇される
孔雀明王は明王の中で唯一
菩薩のような優しいお顔
孔雀堂の元御本尊
孔雀は毒蛇コブラを食べる
ことから人々の災いや苦痛を
取り除いてくれるんだって
4本の手には倶縁果（ぐえんか）、
吉祥果（きちじょうか）、蓮華（れんげ）、
孔雀の尾
絵画的な
作品よね～

空海自筆と伝えられる「聾瞽指帰《ろうこしいき》」上下巻（国宝）

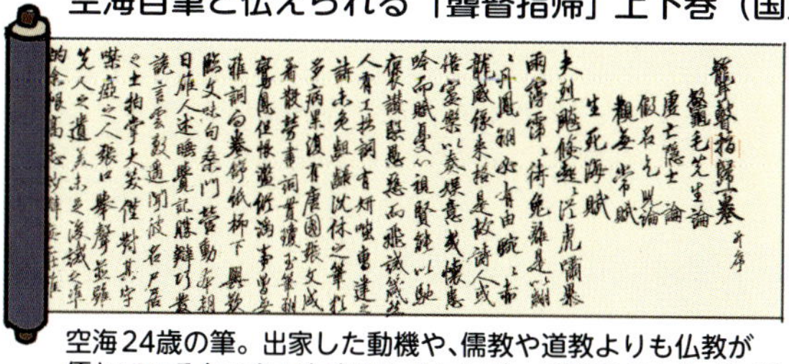

空海24歳の筆。出家した動機や、儒教や道教よりも仏教が優れているということをまとめている。空海の処女作『三教指帰』（さんごうしいき）の自筆草稿本と考えられている

仏像以外のお宝もあるのよ

この書のどこがすごいの？
空海は天下の三筆の一人よ
そうなんだ〜
「弘法筆を選ばず」って聞いた事あるでしょ
空海が唐で修業をしている時、皇帝の前で両手両足、口に筆をとって一気に五行の書を書いたという伝説もあるの
それってなんか違う意味ですごい

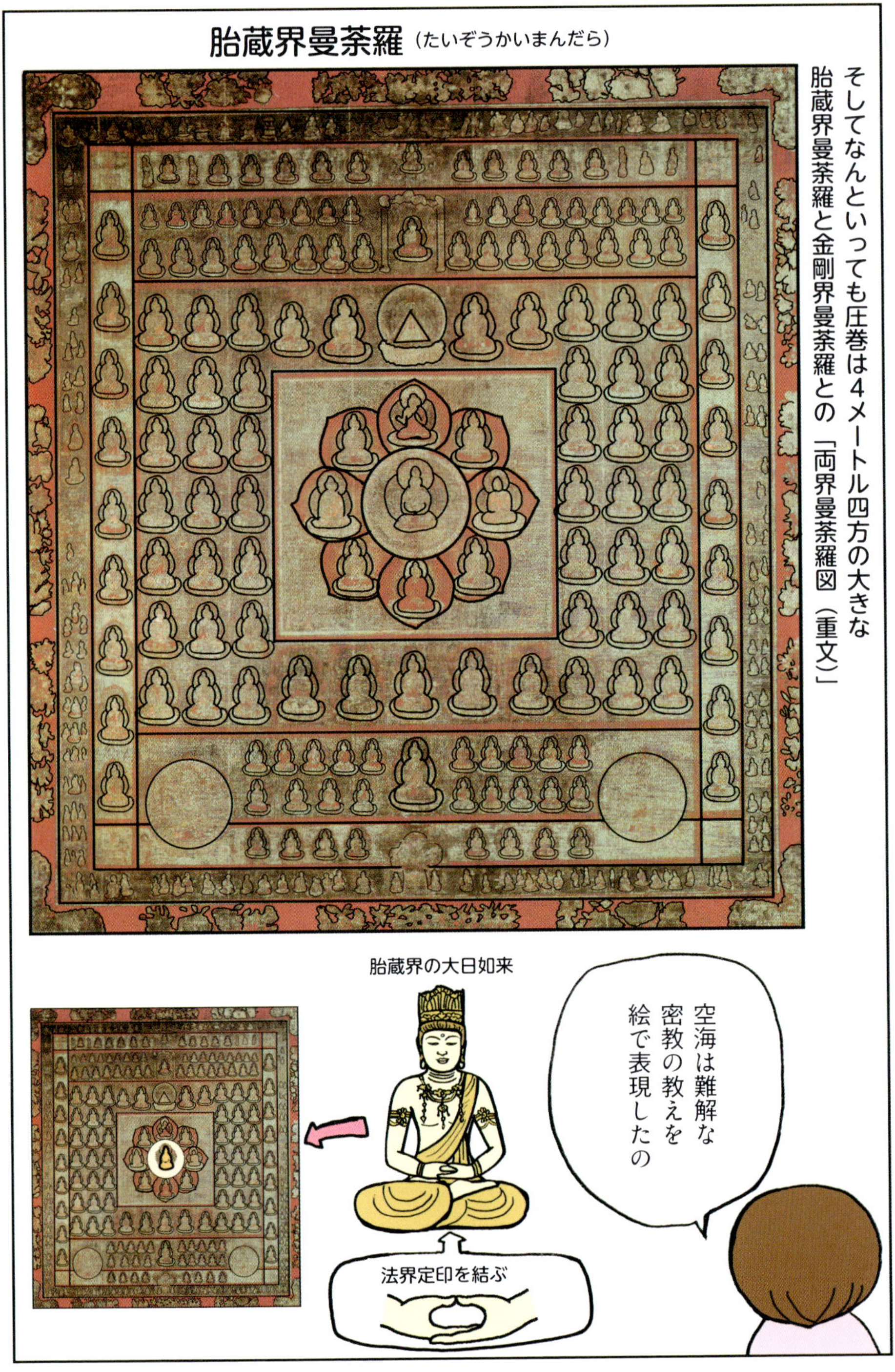
胎蔵界曼荼羅（たいぞうかいまんだら）
そしてなんといっても圧巻は4メートル四方の大きな
胎蔵界曼荼羅と金剛界曼荼羅との「両界曼荼羅図（重文）」
胎蔵界の大日如来
法界定印を結ぶ
空海は難解な
密教の教えを
絵で表現したの

金剛界曼荼羅（こんごうかいまんだら）

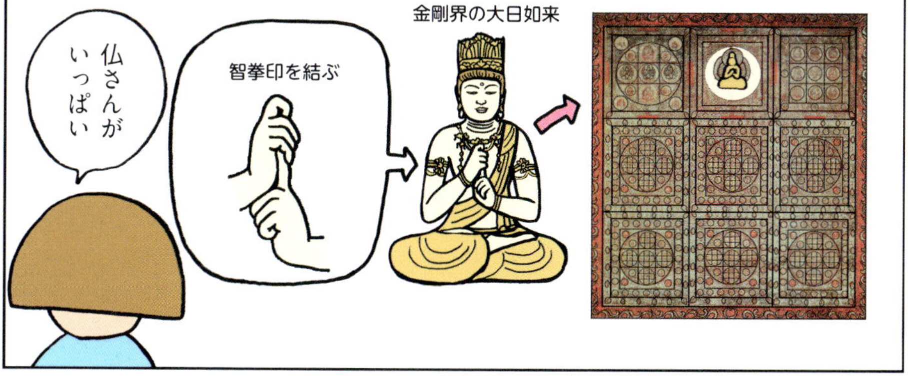

曼荼羅《んだら》

胎蔵界曼荼羅は密教の教えを絵で表したもので正しくは「大悲胎蔵生曼荼羅」といいます

大悲胎蔵生曼荼羅《だいひたいぞうしょうまんだら》
↓
胎蔵界曼荼羅《たいぞうかいまんだら》

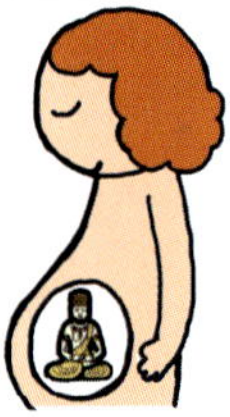

母親の胎内で育まれていくようなイメージ
仏の慈悲によって目覚め、育ち、花を咲かせ、最後に悟りという実を結ばせるまでが描かれている

「大日経」という密教で大切なお経が元になっているの

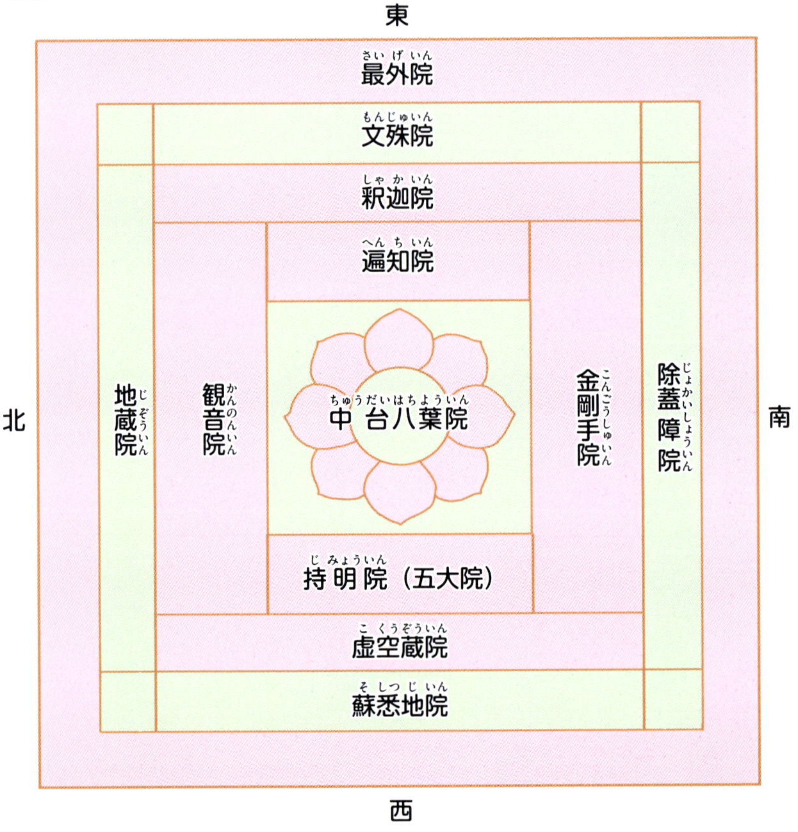

東
最外院《さいげいん》
文殊院《もんじゅいん》
釈迦院《しゃかいん》
遍知院《へんちいん》
北
地蔵院《じぞういん》
観音院《かんのんいん》
中台八葉院《ちゅうだいはちよういん》
金剛手院《こんごうしゅいん》
除蓋障院《じょかいしょういん》
南
持明院《じみょういん》（五大院）
虚空蔵院《こくうぞういん》
蘇悉地院《そしつじいん》
西

胎蔵界《たいぞうか》

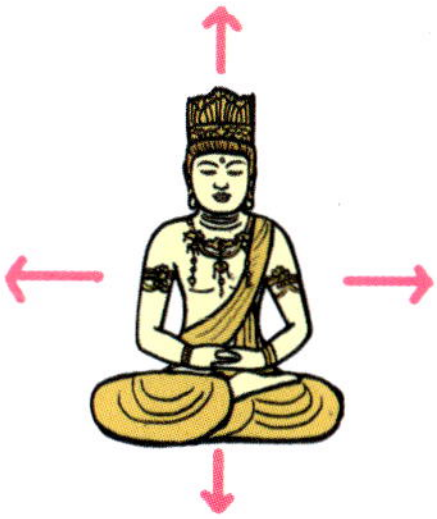

中心の大日如来の慈悲の徳が
外に向かって拡がり、
生き物全てを救う様子を表している

逆に、迷える全ての生き物が
大日如来の大悲の徳に導かれて
悟りの世界である中心へ向かっていく
様子を表している

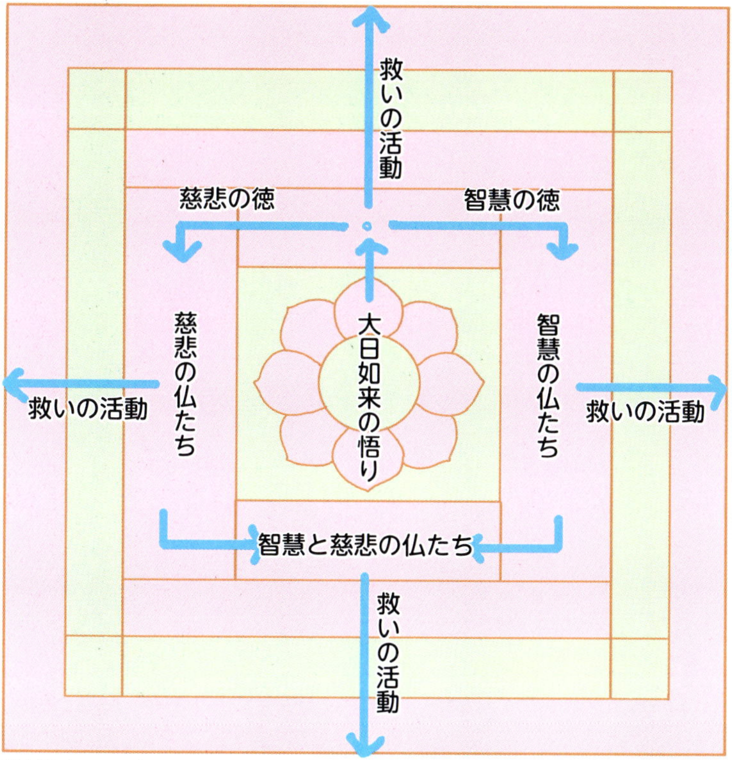
救いの活動
慈悲の徳
智慧の徳
慈悲の仏たち
大日如来の悟り
智慧の仏たち
救いの活動
救いの活動
智慧と慈悲の仏たち
救いの活動

一番外側までを含めると曼荼羅の中にこの宇宙のありとあらゆるものが含まれる

十八種の経典群からなる「金剛頂経」の深い内容を図画化したものなんだって

金剛とは
ダイヤモンドのように堅剛で完成されたもの
つまり完成された悟りの智慧ということ

九つのマスに区切られていることから、「九会曼荼羅（くえまんだら）」とも呼ばれている

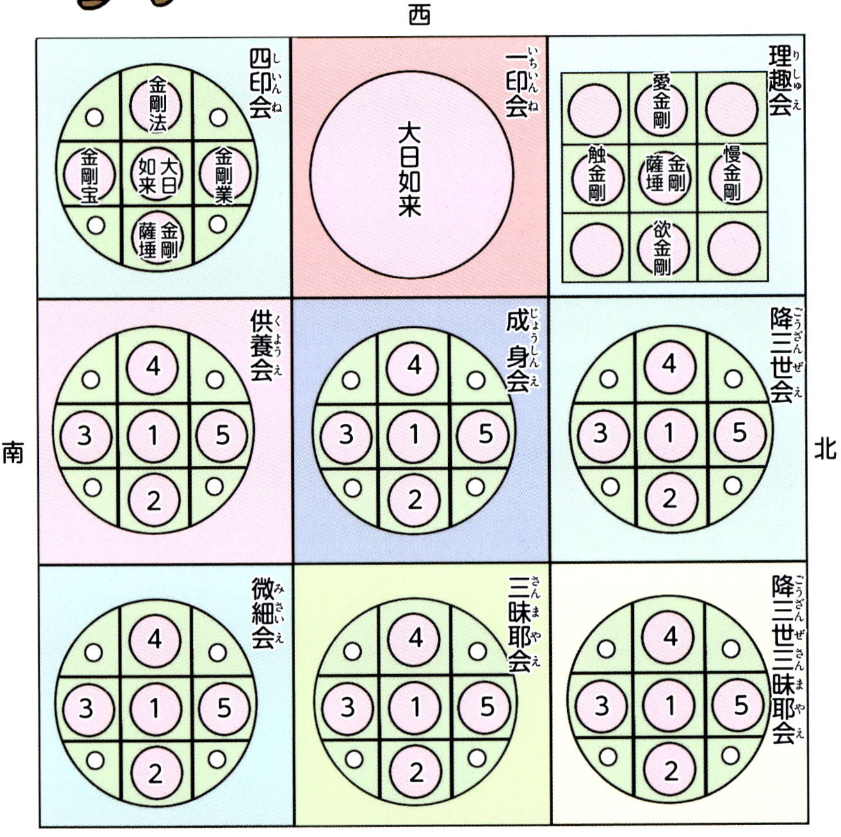
西
東
南
北
四印会《しいんね》
金剛法
金剛宝
大日如来
金剛業
金剛薩埵
一印会《いちいんね》
大日如来
理趣会《りしゅえ》
愛金剛
触金剛
金剛薩埵
慢金剛
欲金剛
供養会《くようえ》
成身会《じょうしんえ》
降三世会《ごうざんぜえ》
微細会《みさいえ》
三昧耶会《さんまやえ》
降三世三昧耶会《ごうざんぜさんまやえ》
4
3
1
5
2

1.大日如来　2阿閦如来　3.宝生如来　4.阿弥陀如来　5.不空成就如来

向下門《こうげもん》（仏の慈悲により生き物全てを救済する過程）

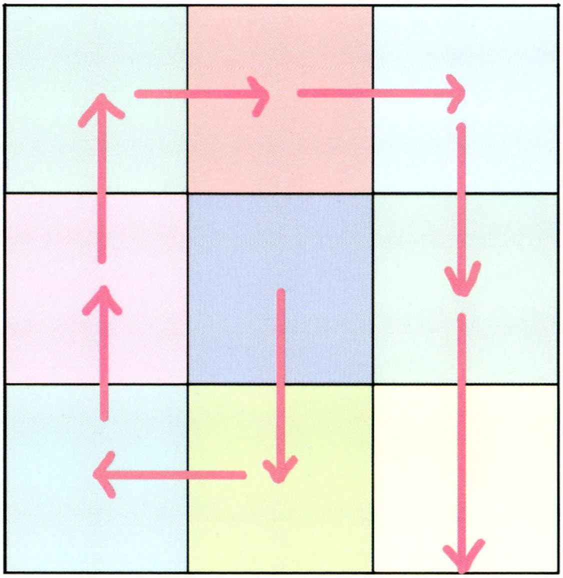

向上門《こうじょうもん》（修行者の仏の悟りに到達する過程）

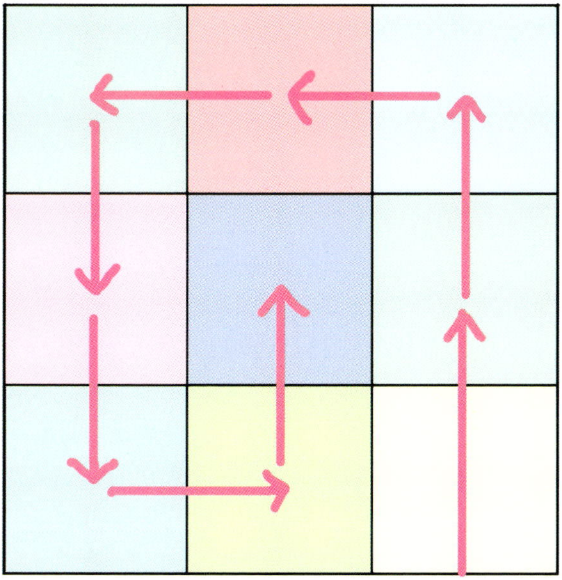

胎蔵界曼荼羅に描かれている大日如来の宝冠には平清盛が自分の頭の血を混ぜて色を塗ったとされることから「血曼荼羅《ちまんだら》」という異名がある
血──!? 怖いよ～
しかも、X線写真で金剛界と胎蔵界それぞれの軸の中に髪の毛の束が入っていることが発見されたの
清盛が金堂を再建した時、再建中に亡くなった父・忠盛の頭髪を供養のため軸内に納めたそうよ
血と毛…
法具や仏具も見ていこうね
法具？
法具は護摩祈祷など密教の修法に欠かせない道具で人間の中にある煩悩や魔を打ち払うための道具よ
元は古代インドの武器だったんだって

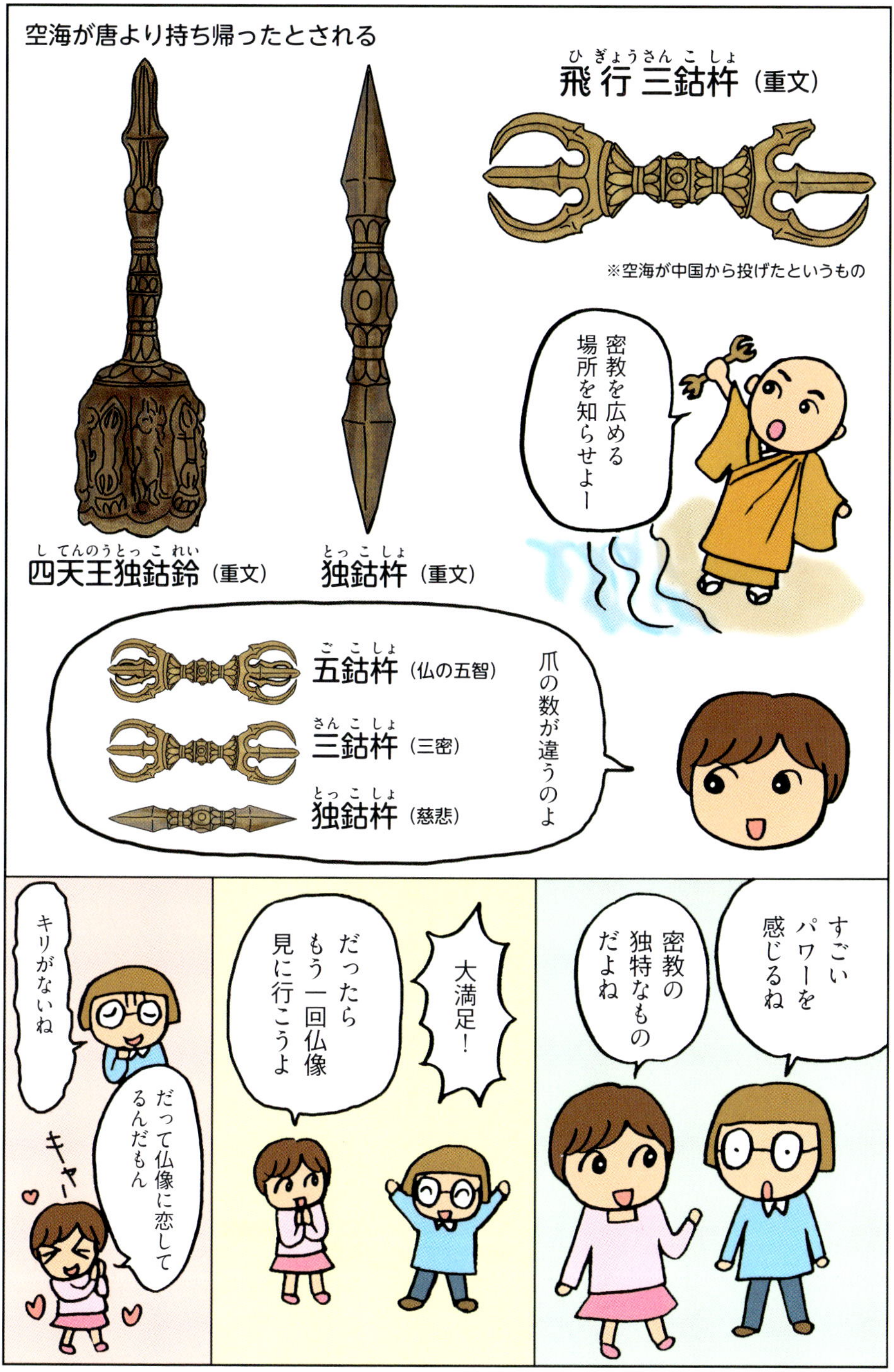

空海が唐より持ち帰ったとされる
飛行《ひぎょう》三鈷杵《さんこしょ》（重文）
※空海が中国から投げたというもの
四天王独鈷鈴《してんのうとっこれい》（重文）
独鈷杵《とっこしょ》（重文）
密教を広める場所を知らせよー
爪の数が違うのよ
五鈷杵《ごこしょ》（仏の五智）
三鈷杵《さんこしょ》（三密）
独鈷杵《とっこしょ》（慈悲）
すごいパワーを感じるね
密教の独特なものだよね
大満足！
だったらもう一回仏像見に行こうよ
キリがないね
だって仏像に恋してるんだもん
キャー

第五章

心身ともに清らかになれる
宿坊《しゅくぼう》に泊まろう

宿坊 宝善院《ほうぜんいん》
今日の泊まりはここよ
えっお寺に泊まるの？
そう宿坊よ 高野山には52の宿坊があって、宿坊に泊まるのも高野山の楽しみのひとつなのよ
こんにちは 予約してます田中です
チェックインは15時から
若い修行僧が迎えてくれました
はい、おまちしておりました
お部屋にご案内します
お庭ステキ
ほんと
文化財の建物や庭園、秘宝を持ってる宿坊も多いのよ
へェー

こちらのお部屋になります
宿泊名簿に記入お願いします
はい
お風呂は1階で21時までです
夕食は下のお部屋で18時からでお願いします
では、ごゆっくり
お姉ちゃん、宿坊って相部屋かと思ってたら普通の旅館みたいに個室なんだね
そうだよ浴衣もタオルもあるし
テレビもあるね
まあ、テレビはないところもあるよ

高級なお部屋以外はトイレとお風呂は共同だけどね
旅館と何が違うの？
朝の勤行や写経など宿坊ならではの体験ができるんだよ
そして一番の違いは食事18時だから食べにいこう
このお部屋だ
あっもう用意されてる
おいしそう
精進料理だね

お寺独特の振舞料理《ふれまいりょうり》が進化した料理で五法、五味、五色つまり調理方法や味付け色彩を大切にした料理なのよ
作るのも修行だし
もちろん肉や魚など生臭い物は一切使ってないの
でもお酒は注文できるんだよ
お寺なのに？
お酒は「智慧のお湯」という意味の「般若湯《はんにゃとう》」と言い換えてオッケーにしてるの
般若は鬼という意味ではなく智慧
へぇ〜
あ、このごま豆腐おいしい
ごま豆腐なのに白いね
高野山のごま豆腐はごまの皮を剥いで中身だけ使ってるので白いのよ
普通のごま豆腐
黒い
高野山のごま豆腐
白い
いただくのも修行なんだって
ごちそうさま
いただくことで生かされているんだね

お庭見て戻ろう
ライティングされてる！
幻想的でいいね 小堀遠州《こぼりえんしゅう》の作で 高野山最古の お庭なんだって
キレイ!!

お庭見てると癒されるね
そうだね～
ガラ
あっ布団ひいてある
ほんと普通の旅館とかわらないね
そう、だけど朝は早いよ勤行《ごんぎょう》があるから参加は自由だけどね
勤行って何するの？
仏様の前でお経をとなえるの私たちは黙って聞いているだけで大丈夫
明日は早いからもう寝よう
うんおやすみ

ZZZ
ピッピッ
ファアー
さあ、顔洗って朝の勤行に行く準備しよう
眠い～よ
洗面所も共同なんだね
宿坊ってだいたいそうだよ
さあ、目を覚まして本堂に行くよ！
眠い～
本堂、宿坊とつながっているんだね
眠い～
パタパタ

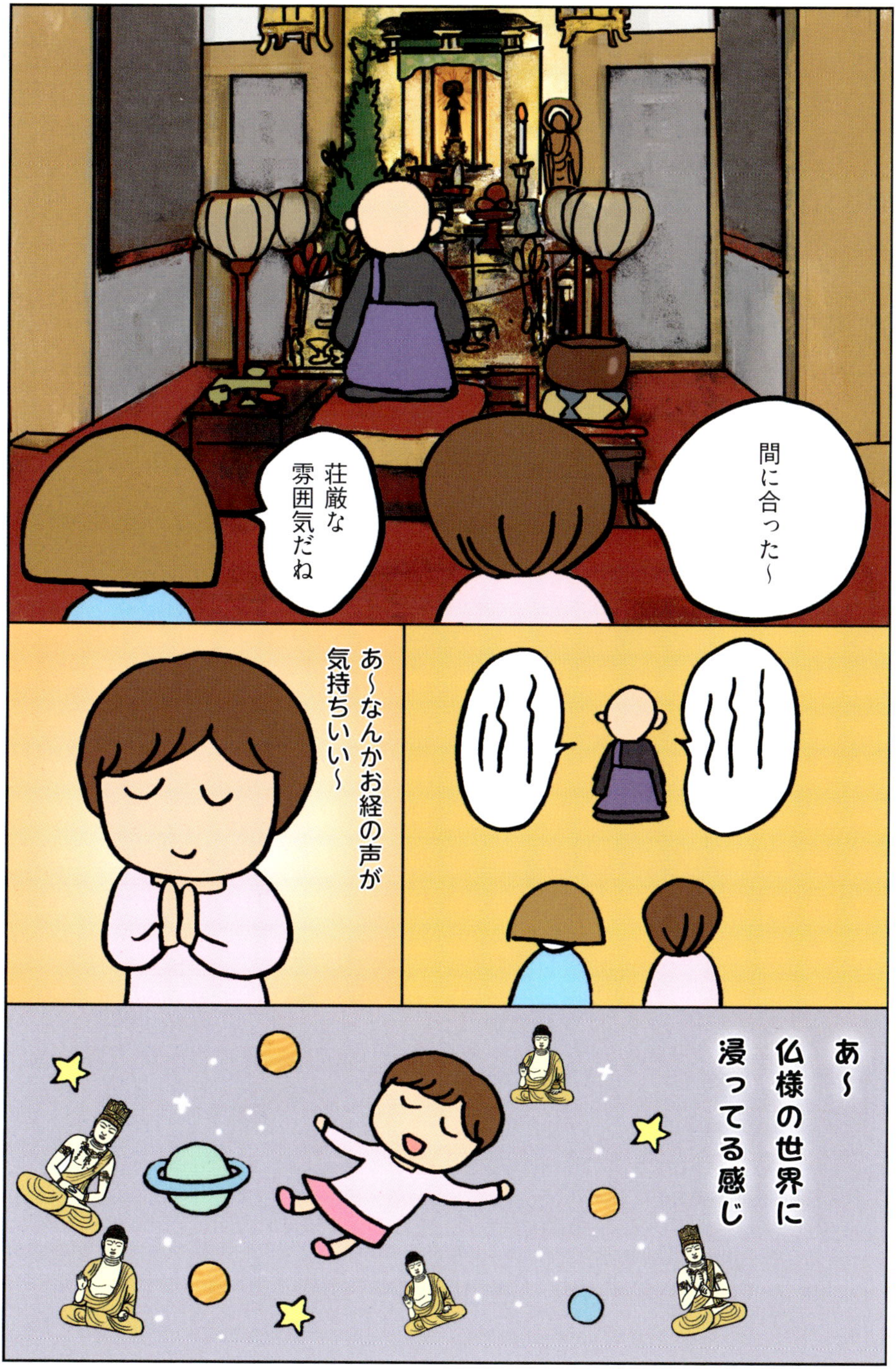
間に合った～
荘厳な雰囲気だね
あ～なんかお経の声が気持ちいい～
あ～仏様の世界に浸ってる感じ

30分ほどで勤行は終了
勤行よかったね
心に響いたよ
朝食ご用意できてます
昨日のお部屋です
ハイ
朝も精進料理だね
宿坊で勤行に参加したり
精進料理をいただいたりして
心身とも清められたみたい
何もかもがありがたいね
確かに！
俗世界と離れた
感じがしていいよね
生まれ変わった気分

お寺に泊まってるってだけで仏様とお近づきになれた気がするし
ポッ
良かったね
心身ともに癒されました
お世話になりました
お気をつけて
あ〜もっと高野山に泊まって空海と同じ空気をすっていたい
ハイハイ
お大師様また来ますね！

寺院名	部屋数/収容人員	設備	電話番号
赤松院《せきしょういん》	個室60室・大広間1室・中広間1室 収容人員（個人約200名・団体約250名）	本堂・庭園・茶室・洋式トイレ	56-2734
総持院《そうじいん》	個室13室・大広間1室 収容人員（個人約60名・団体約60名）	本堂・庭園・洋式トイレ・エレベーター	56-2111
増福院《ぞうふくいん》	個室25室・大広間1室 収容人員（個人約80名・団体約80名）	本堂・庭園	56-2126
大圓院《だいえんいん》	個室35室・大広間1室・中広間2室 収容人員（個人約133名・団体約153名）	本堂・庭園・茶室・洋式トイレ	56-2009
大明王院《だいみょうおういん》	個室25室・大広間1室 収容人員（個人約100名・団体約150名）	本堂・庭園・洋式トイレ	56-2521
高室院《たかむろいん》	個室27室・大広間1室 収容人員（個人約100名・団体約100名）	本堂・庭園・洋式トイレ	56-2005
天徳院《てんとくいん》	個室54室・大広間1室 収容人員（個人約200名・団体約200名）	本堂・庭園・茶室・洋式トイレ	56-2714
南院《なんいん》	個室22室・大広間1室・中広間1室 収容人員（個人約70名・団体約100名）	本堂・庭園・茶室・洋式トイレ	56-2534
西室院《にしむろいん》	個室40室・大広間1室 収容人員（個人約100名・団体約130名）	本堂・庭園・茶室・洋式トイレ	56-2511
巴陵院《はりょういん》	個室19室・大広間1室・中広間1室 収容人員（個人約70名・団体約100名）	本堂・庭園・洋式トイレ	56-2702
福智院《ふくちいん》	個室66室・大広間1室・中広間4室 収容人員【個人約180名・団体約250名）	本堂・庭園・茶室・温泉・露天風呂・ サウナ・洋式トイレ	56-2021
普賢院《ふげんいん》	個室44室・大広間1室・中広間1室 収容人員（個人約150名・団体約230名）	本堂・庭園・洋式トイレ・エレベーター	56-2131
不動院《ふどういん》	個室27室・大広間1室・中広間1室 収容人員（個人約50名・団体約120名）	本堂・庭園・洋式トイレ	56-2414
普門院《ふもんいん》	個室19室・大広間1室・中広間1室 収容人員（個人約30名・団体約80名）	本堂・庭園・茶室・洋式トイレ・エレベーター	56-2224
遍照光院《へんじょうこういん》	個室31室・大広間1室・中広間1室 収容人員（個人約150名・団体約200名）	本堂・庭園・茶室・洋式トイレ	56-2124
遍照尊院《へんじょうそんいん》	個室39室・大広間1室・中広間3室 収容人員（個人約80名・団体約162名）	本堂・庭園・洋式トイレ	56-2434
報恩院《ほうおんいん》	個室15室・大広間1室・中広間1室 収容人員（個人約30名・団体約50名）	本堂・庭園・茶室・洋式トイレ	56-2350
宝亀院《ほうきいん》	個室24室・大広間1室・中広間2室 収容人員（個人約50名・団体約100名）	本堂・庭園・洋式トイレ	56-2018
宝城院《ほうじょういん》	個室43室・大広間3室・中広間2室 収容人員（個人約60名・団体約150名）	本堂・庭園・洋式トイレ	56-2431
宝善院《ほうぜんいん》	個室23室・大広間1室・中広間2室 収容人員（個人約70名・団体約110名）	本堂・庭園・洋式トイレ	56-2658
本覚院《ほんがくいん》	個室36室・大広間1室・中広間1室 収容人員（個人約120名・団体約150名）	本堂・庭園・茶室・洋式トイレ	56-2711
本王院《ほんのういん》	個室31室・大広間1室・中広間2室 収容人員（個人約100名・団体約120名）	本堂・庭園・茶室・洋式トイレ	56-2134
密厳院《みつごんいん》	個室39室・大広間1室 収容人員（個人約100名・団体約150名）	本堂・庭園・洋式トイレ	56-2202
明王院《みょうおういん》	個室19室・大広間1室 収容人員（個人約40名・団体約60名）	本堂・庭園・茶室・洋式トイレ	56-2106
無量光院《むりょうこういん》	個室25室・大広間1室・中広間2室 収容人員（個人約100名・団体約150名）	本堂・庭園・洋式トイレ	56-2104
櫻池院《ようちいん》	個室20室・大広間1室・中広間1室 収容人員（個人約70名・団体約120名）	本堂・庭園・洋式トイレ	56-2003
龍光院《りゅうこういん》	個室8室 収容人員（個人約20名・団体約35名）	本堂・庭園・洋式トイレ	56-2105
龍泉院《りゅうせんいん》	個室29室・大広間1室 収容人員（個人約110名・団体約150名）	本堂・庭園・洋式トイレ	56-2439
蓮花院《れんげいん》	個室13室・大広間1室・中広間1室 収容人員（個人約60名・団体約60名）	本堂・庭園・洋式トイレ	56-2017
蓮華定院《れんげじょういん》	個室48室・大広間1室 収容人員（個人約120名・団体約150名）	本堂・庭園・茶室・洋式トイレ	56-2233

高野山の宿坊に泊まろう！

宿坊の予約はここへ

高野山へ参拝に訪れたなら、是非体験してみたいのが宿坊。宿坊に泊まり、精進料理を味わい、朝のお勤めに参加すれば、より深く高野山の魅力を感じられます。高野山には現在52の宿坊があり、精進料理が味わえるばかりでなく、写経、阿字観といった体験も可能。高野山宿坊協会ではで設備や料金など、希望にそった宿坊を紹介・予約してくれる他、昼の精進料理の予約も受け付けている。

高野山宿坊協会

☎0736-56-2616
fax0736-56-2889
予約受付／ 8時30分～ 16時30分
(3～12月は～17時、1～2月は9時30分～17時)
宿坊料金は1泊2食付き
9500円～ 2万円

寺院名	部屋数/収容人員	設備	電話番号
安養院《あんにょういん》	個室26室・大広間1室 収容人員（個人80名・団体130名）	本堂・庭園・洋式トイレ	56-2010
一乗院《いちじょういん》	個室23室・大広間1室・中広間1室 収容人員（個人約60名）	本堂・庭園・茶室・洋式トイレ	56-2214
恵光院《えこういん》	個室33室・大広間1室・中広間2室 収容人員（個人約70名・団体約120名）	本堂・庭園・ 護摩堂・阿字観道場・洋式トイレ	56-2514
北室院《きたむろいん》	個室14室・大広間2室 収容人員（個人約10名・団体約40名）	本堂・庭園・洋式トイレ	56-2059
熊谷寺《くまがいじ》	個室43室・大広間1室 収容人員（個人約120名・団体約120名）	本堂・庭園・茶室・洋式トイレ	56-2119
光台院《こうだいいん》	個室18室・大広間1室・中広間1室 収容人員（個人約30名・団体約50名）	本堂・庭園・茶室・洋式トイレ	56-2037
光明院《こうみょういん》	個室32室・大広間1室・中広間1室 収容人員（個人約80名・団体約125名）	本堂・庭園・洋式トイレ	56-2149
金剛三昧院《こうごうさんまいいん》	個室63室・大広間1室・中広間4室 収容人員（個人約150名・団体約200名）	本堂・庭園・洋式トイレ	56-3838
西禅院《さいぜんいん》	個室18室・大広間1室・中広間1室 収容人員（個人約50名・団体約60名）	本堂・庭園・茶室・洋式トイレ	56-2411
西南院《さいなんいん》	個室39室・大広間1室・中広間1室 収容人員（個人約100名・団体約130名）	本堂・庭園・茶室・洋式トイレ	56-2421
三宝院《さんぼういん》	個室40室・大広間1室・中広間1室 収容人員（個人80名・団体150名）	本堂・庭園・茶室・洋式トイレ	56-2004
西門院《さいもんいん》	個室39室・大広間1室・中広間1室 収容人員（個人約80名・団体約100名）	本堂・庭園・洋式トイレ	56-2031
地蔵院《じぞういん》	個室24室・大広間1室 収容人員（個人約60名・団体約80名）	本堂・庭園・洋式トイレ・エレベーター	56-2213
持明院《じみょういん》	個室37室・大広間1室・中広間1室 収容人員（個人約120名・団体約150名）	本堂・庭園・茶室・洋式トイレ	56-2221
釈迦文院《しゃかもんいん》	個室24室・大広間1室・中広間1室 収容人員（個人約70名・団体約100名）	本堂・庭園・洋式トイレ	56-2639
常喜院《じょうきいん》	個室22室・大広間1室・中広間1室 収容人員（個人約60名・団体約80名）	本堂・庭園・洋式トイレ	56-2321
清浄心院《しょうじょうしんいん》	個室21室・大広間1室 収容人員（個人約60名・団体約70名）	本堂・庭園・洋式トイレ	56-2006
成就院《じょうじゅいん》	個室19室・大広間1室 収容人員（個人約50名・団体約70名）	本堂・庭園・洋式トイレ	56-2430
正智院《しょうちいん》	個室47室・大広間1室・中広間3室 収容人員（個人約60名・団体約130名）	本堂・庭園・茶室・洋式トイレ	56-2331
上池院《じょうちいん》	個室28室・大広間1室 収容人員（個人約150名。団体約150名）	本堂・庭園・洋式トイレ	56-2318
成福院《じょうふくいん》	個室22室・大広間1室・中広間1室 収容人員（個人約100名・団体約120名）	本堂・庭園・洋式トイレ	56-2109
親王院《しんのういん》	個室7室 収容人員（個人約12名・団体約30名）	本堂・庭園	56-2227

市外局番☎0736

田中ひろみの

コラム おすすめのみやげ

高野山に行ったらやはり買いたいのがごま豆腐。
私はいつもこれを買ってかえります。

濱田屋は、店内でイートインも出来るの。メニューはわさび醤油と、和三盆のごま豆腐2種類。あと土日限定メニューに、抹茶風味のごま豆腐の上に和三盆とミルクがけがあるの。和三盆の優しい甘みとゴマの風味が予想外にマッチするのよ

わさび醤油
和三盆

濱田屋のごま豆腐は生保冷剤なしでは、買えないの
（保冷剤代金200円）

胡麻豆腐
精選
高野山名物

胡麻豆腐
（要冷蔵）

濱田屋《はまだや》

精進料理に欠かせないごま豆腐を製造販売している。6個入り1700円～。

Data
☎0736-56-2343
交通／バス停小田原通りから徒歩3分
営業／ 9 ～ 17時（売切れ次第閉店）
休み／不定休

常温で日持ちする
真空パックは
常温保存で1ヶ月

角濱総本舗《かどはまそうほんぽ》

白ゴマの皮をむいて、あくを取り吉野葛で固める、という伝統の製法で造られるごま豆腐はやはり生が一番。ごま豆腐3本入り1300円〜。日持ちの良い真空パックも扱っている。

Data
☎0736-56-2336
交通／バス停愛宕前から徒歩1分
営業／8〜17時　休み／無休

角濱
高野特産
ごまとうふ

ごまとうふ

絹ごし
高野山
高野とうふ
千年の味

高野豆腐

中本名玉堂《なかもとめいぎょくどう》

乾燥した絹ごしの高野豆腐。もどしがいらず調理も簡単。キメが細かく柔らかな味わい。

Data
☎0736-56-2024
交通／小田原通りバス停から徒歩1分
営業／8〜18時　休み／無休

高野山は
高野とうふ発祥の地
いろんなお土産屋さんで
売られています

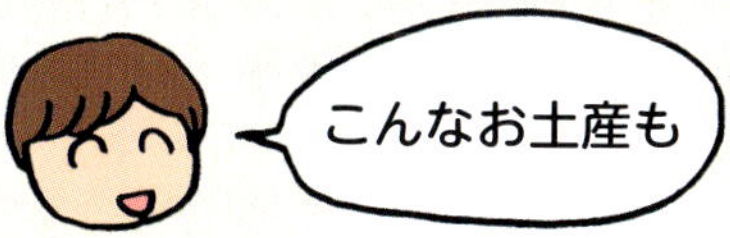
こんなお土産も

高野槙《こうやまき》

弘法大師がご仏前に供花の代わりに高野槙を供えたことから、ご仏前に高野槙が供えられるようになり、山内の各所で槙を扱う店がある。盆の頃には高野槙を売る屋台も出る。高野槙は、秋篠宮家の親王殿下悠仁さまのお印としても有名。

コラム

田中ひろみの

おすすめの和菓子

高野山でホッとひと息つくなら、和菓子がおすすめ。
おすすめの甘味をご紹介。おみやげにも最適です。

くるみ餅
やきもち
持ち上げると
願いが叶うという
奥之院の「みろく石」が
その名の由来。
みろく石

みろく石本舗「かさ國」

つぶあんがたっぷりと入った高野山の銘菓、みろく石（1個110円）をはじめ、くるみ餅（1個110円）やきもち（1個110円）などの和菓子が揃う。イートインスペースもある。

Data
☎0736-56-2327
交通／バス停小田原通からすぐ
営業／ 7時30分～ 19時
（10月～ 3月は8時～ 18時） 休み／不定休
※中の橋店もある

麩善《ふぜん》

高野山で唯一の生麩専門店。よもぎ麩でこし餡くるんだ笹巻あんぷは8個入り1200円。

Data
☎0736-56-2537（本店）
交通／バス停波切不動前から徒歩3分
営業／ 9 ～ 17時（売切れ次第閉店）
休み／月曜（祝日の場合は翌日）

笹の葉に包まれた
よもぎ風味の
麩まんじゅう。
モチモチの食感が
たまらない

笹巻あんぷ

あんこが入ったきなこ餅
箱の中に餅の由来の
『苅萱と石童丸』のお話も
入っています

かるかや餅

高野山　松栄堂《しょうえいどう》

小田原通り沿いに店を構える、安政元年創業の和菓子の老舗。お堂にちなんだかるかや餅が人気。本店2階でいただくこともできる。

Data
☎0736-56-2047
交通／バス停小田原通すぐ
営業／ 9時～ 19時（冬期は～ 17時）
休み／不定休

壇上伽藍の高野四郎を
モチーフにしたもなか
高野四郎

御菓子司 さゞ波

大将10年の創業以来受け継がれる、素朴な味わいの酒饅頭（1個135円）や名鐘もなか「高野四郎」(1個140円)が人気

Data
☎0736-56-2301
交通／バス停金堂前からすぐ
営業／ 8時30分～ 18時（冬期は～17時）
休み／月曜

米麹を自然発酵させ
小麦の生地に加える
昔ながらの製法で
風味もしっかりして
いてモチモチしてる
酒饅頭

高野山への交通

南海電車 特急こうや 90分
ケーブルカー 5分
南海電鉄 難波駅
橋本
極楽橋
高野山
JR 和歌山駅
※

※橋本駅～極楽橋駅間を結ぶワイドビュー座席、コンパートメント座席、展望デッキが設置された“こうや花鉄道「天空」”は橋本─極楽寺橋間（所要約45分）を運行。
料金／片道運賃440円に座席指定料金510円が必要
運行／ 3 ～ 11月…水・木曜を除く毎日運行（但し水・木曜が休日の場合は運行）
12 ～ 2月…土曜・休日のみ運行

高野山・世界遺産きっぷ

電車割引往復乗車券と高野山内バス2日間フリー乗車券がセットになったきっぷ。拝観料2割引き、お土産・飲食1割引きの特典付き。南海電鉄の主要駅、JTBほか旅行代理店で発売

山内路線バス

山内の移動は「高野山内1日フリー乗車券」830円が便利。1日乗り降り自由、拝観料2割引き、お土産・飲食1割引きの特典付きで830円。高野山駅前のバス営業所窓口のみで販売。問合せは、南海りんかんバス ☎0736-56-2250へ。

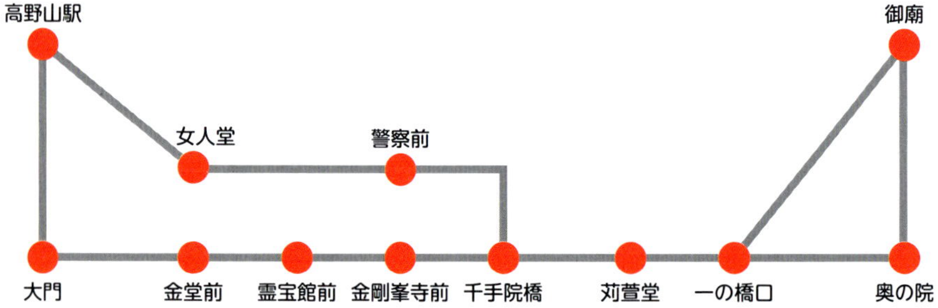
高野山駅
御廟
女人堂
警察前
大門
金堂前
霊宝館前
金剛峯寺前
千手院橋
苅萱堂
一の橋口
奥の院

きっぷに関する問い合わせは

南海テレホンセンター　☎06-6643-1005
（年中無休8時30分～ 18時30分）

お得な切符情報は

南海高野ほっと・ねっと
（http://www.nankaikoya.jp）で検索

高野山データ一覧

【壇上伽藍】

住所／高野町高野山152
境内自由（金堂200円、根本大塔200円）
☎0736-56-3215
開館／ 8時30分～ 17時（受付は16時30分まで）

【金剛峯寺】

住所／高野町高野山132
☎0736-56-2011
開館／ 8時30分～ 17時（受付は16時30分まで）
拝観料／ 500円

【高野山霊宝館】

住所／高野町高野山306
☎0736-56-2029
開館時間／ 8時30分～ 17時30分
（11 ～ 4月は～ 17時）
入館は閉館の30分前まで
休／無休
拝観料／ 600円

諸堂共通内拝券／ 2000円
金剛峯寺、霊宝館、大師教会、大塔、金堂、徳川家霊台の6カ所全ての拝観や見学ができるチケット

高野山に関する問い合わせは
高野山観光協会　☎0736-56-2616

高野山の主な行事

日時	行事	内容	場所	時間
毎月21日	奥之院 月並 御影供	お大師様が御入定された日に行われる法会	奥之院 金剛峯寺	9時～
4月21日	奥之院 萬燈会	奥之院に寄進されている「燈籠」の総供養が行われる	燈籠堂	9時～
5月3 ～ 5日	胎蔵界結縁灌頂	胎蔵界の仏様と仏縁を結ぶ儀式	金堂	8時～ 16時
6月15日	宗祖降誕会 （青葉まつり）	お大師様の誕生をお祝いする行事	大師教会	降誕会9時～、 花御堂渡御12時～
8月13日	萬燈供養会 （ろうそくまつり）	先祖の冥福を祈る盂蘭盆会に行われる仏事。参道の一の橋から奥之院燈籠堂まで、十万本のローソクを点し、先祖の冥福を祈る	奥之院・ 燈籠堂	午後7時～
10月1 ～ 3日	金剛界結縁灌頂 奥之院 萬燈会	金剛界の仏様と仏縁を結ぶ儀式	金堂	8時～ 16時 19時～

あとがき

南海高野線が走る、大阪の堺で生まれ育った私にとって、
高野山は子供のころから身近な存在だった。
大人になって仏像が好きになり、いろいろなお寺を訪ね歩いた。
四国八十八カ所めぐりもした。
そして気づいたのが、空海の偉大さ。
仏の道ばかりでなく、文化、芸術、科学、医学と
さまざまな分野でマルチな才能を現した
空海ってすごい人!!　まさにスーパースターだ!
身近な存在と思っていた高野山も
改めて訪れてみると、奥が深く、知らないことばかり。

でも、凛とした雰囲気に触れるだけでも、
身も心もきれいになる気がする。
高野山はまさに聖地の中の聖地。
高野山は私にとって特別な場所になった。
密教は難解。でも、難しく考えず、ぜひ訪ねて欲しい。
この聖地に身を委ねれば、きっと身も心も蘇るはず！

高野山の宇宙観が、この本で少しでも伝えられたら幸せです。
最後になりましたが、
私に高野山の素晴らしさを教えてくださった方々、
お世話になった方々に、心から感謝します。

2014年　春

田中ひろみ

真言密教の聖地
高野山へ行こう！

2014年6月15日　初版印刷
2014年7月　1日　初版発行

著者　田中 ひろみ
発行人　秋田　守
発行所　JTBパブリッシング
印刷所　大日本印刷

装丁　福田明日実（yd）
本文デザイン・組版　福田明日実（yd）
協力　総本山金剛峯寺
高野山霊宝館
宝善院
南海電気鉄道株式会社

図書のご注文は
JTBパブリッシング　営業部直販課　☎03-6888-7893

本書内容についてのお問合せは
JTBパブリッシング　出版事業本部　企画出版部　☎03-6888-7846
〒162-8446　東京都新宿区払方町25-5
http://www.jtbpublishing.com

Printed in Japan　806610
ISBN978-4-533-09870-3　C0095

○ 本書の編集にあたり、関係各位に多大なご協力を賜りました。厚く御礼申し上げます。

単行本
806610